DIEU
ET
DIABLE

PAR

ALPHONSE KARR

PARIS

MICHEL LÉVY FRÈRES, ÉDITEURS
RUE AUBER, 3, PLACE DE L'OPÉRA

LIBRAIRIE NOUVELLE
BOULEVARD DES ITALIENS, 15, AU COIN DE LA RUE DE GRAMMONT
1875

Droits de reproduction et de traduction réservés

DIEU ET DIABLE

ŒUVRES COMPLÈTES
D'ALPHONSE KARR
Publiées dans la Collection Michel Lévy

AGATHE ET CÉCILE	1 vol
LE CHEMIN LE PLUS COURT	1 —
CLOTILDE	1 —
CLOVIS GOSSELIN	1 —
CONTES ET NOUVELLES	1 —
LA FAMILLE ALAIN	1 —
LES FEMMES	1 —
ENCORE LES FEMMES	1 —
FEU BRESSIER	1 —
LES FLEURS	1 —
GENEVIÈVE	1 —
LES GUÊPES	6 —
UNE HEURE TROP TARD	1 —
HISTOIRE DE ROSE ET JEAN DUCHEMIN	1 —
HORTENSE	1 —
MENUS PROPOS	1 —
MIDI A QUATORZE HEURES	1 —
LA PÊCHE EN EAU DOUCE ET EN EAU SALÉE	1 —
LA PÉNÉLOPE NORMANDE	1 —
UNE POIGNÉE DE VÉRITÉS	1 —
PROMENADES HORS DE MON JARDIN	1 —
RAOUL	1 —
ROSES NOIRES ET ROSES BLEUES	1 —
LES SOIRÉES DE SAINTE-ADRESSE	1 —
SOUS LES ORANGERS	1 —
SOUS LES TILLEULS	1 —
TROIS CENTS PAGES	1 —
VOYAGE AUTOUR DE MON JARDIN	1 —

ŒUVRES NOUVELLES D'ALPHONSE KARR
Format grand in-18.

AU BORD DE LA MER	1 —
LE CREDO DU JARDINIER	1 —
DIEU ET DIABLE	1 —
DE LOIN ET DE PRÈS (2e édition)	1 —
LES DENTS DU DRAGON (2e édition)	1 —
EN FUMANT (3e édition)	1 —
FA DIÈZE	1 —
LES GAIETÉS ROMAINES	1 —
LETTRES ÉCRITES DE MON JARDIN	1 —
LA MAISON CLOSE (2e édition)	1 —
PLUS ÇA CHANGE	1 —
....PLUS C'EST LA MÊME CHOSE	1 —
LA PROMENADE DES ANGLAIS	1 —
PROMENADES AU BORD DE LA MER	1 —
LA QUEUE D'OR (2e édition)	1 —
SUR LA PLAGE (2e édition)	1 —
LE ROI DES ILES CANARIES	1 —

PARIS. — IMPRIMERIE DE E. MARTINET, RUE MIGNON, 2

A JEANNE

DIEU ET DIABLE

Quelques personnes se sont, paraît-il, fort émues de l'histoire, incontestablement véridique, de mademoiselle de la Merlière, que j'ai racontée à la fin d'un volume intitulé *le Credo du Jardinier* dont celui-ci est la suite, comme *le Credo* est lui-même la suite des *Gaietés romaines*.

On m'assure qu'il se fait une souscription; les uns disent pour acheter les fagots du bûcher qui doit me consumer; les autres, pour lancer une brochure destinée à m'écraser; et on parle de plusieurs milliers de francs déjà recueillis!

Je ne sais plus quel est le roi de Maroc ou de Tunis qui, apprenant la somme énorme qu'avait coûté aux Français le bombardement qui avait brûlé la moitié de sa ville, s'écria : « Ce que c'est que de ne pas s'entendre; je l'aurais brûlée tout entière pour la moitié de ce prix. »

On avait parlé aussi de me livrer au *bras séculier*, et on avait sous la main un guerrier qui devait provoquer et tuer Goliath.

C'est une tradition de l'Église assez malheureusement tombée en désuétude; l'Église, qui avait horreur du sang (*a sanguine abhorret*), se faisait cependant un devoir et parfois un plaisir de supprimer les hérétiques, les impies, les incrédules, les irrévérencieux; alors, afin de concilier les deux choses, elle se contentait de condamner ses ennemis, et on chargeait un roi quelconque de les décapiter, écarteler ou brûler ; en retour de quoi, on le bénissait, sacrait, huilait ; on le décorait du titre de très-chrétien, de très-catholique, etc. ; ou encore on lui donnait des États qu'on enlevait à quelque autre monarque, ou des États à conquérir sur les Sarrasins, *In partibus infidelium.*

Un exemple : Un don Sanche, second fils d'un Alphonse, roi de Castille, étant à Rome et assistant à un consistoire, entendit de bruyants applaudissements, et remarqua que l'assemblée se tournait de son côté. Don Sanche demanda à un interprète ce qui se passait.

— Sire, lui dit l'interprète, Sa Sainteté le pape vient de vous nommer roi d'Égypte.

— Il ne faut pas être ingrat, dit le prince,

lève-toi et proclame le saint-père calife de Bagdad.

Je dois dire cependant que le culte de Notre-Dame de la Salette est fort suivi.

Aucune folie ne meurt : elle se transforme quelquefois ou se déguise en une autre.

Ainsi, à l'époque présente, où l'on crie si haut qu'il n'y a plus de croyances, ce à quoi l'on attribue tous nos malheurs, il faut reconnaître que les croyances sont remplacées par des crédulités.

Ne voilà-t-il pas un ministre qui s'attaque aux sorciers !

De cela nous aurons probablement à parler.

L'ex-impératrice Eugénie n'écrivait-elle pas à son fils, au commencement de la guerre :

« La petite Malakof a encore trouvé un trèfle à quatre feuilles ; je te l'enverrai. »

Je crois que nos ministres d'alors et les chefs de l'État comptaient trop sur le trèfle à quatre feuilles pour le succès de leur folle entreprise, passaient le temps à en chercher comme la petite Malakof, et négligeaient beaucoup d'autres soins qui — l'événement ne l'a que trop tristement montré — avaient bien leur petite importance.

Je lis dans *la Gazette rose* une autre histoire à propos de cette même impératrice.

Il existe, à quelques lieues du Caire, un énorme sycomore ; c'est sous l'ombre de cet arbre que, dit-on, la vierge Marie se reposa lors de « la fuite en Égypte ». La princesse Jablonskà, qui a publié un livre sur l'Égypte, tout en confessant que l'opinion générale est que cet arbre est bien loin d'avoir près de deux mille ans, en a néanmoins envoyé des feuilles à ses amies ; toutes ces feuilles ont produit des miracles : l'une lui écrit que, grâce à deux de ces feuilles, elle a échappé à un accident de chemin de fer, et que son fils a été préservé des balles prussiennes.

En effet, on sait que tous ceux de nos mobiles qui n'avaient pas sur eux une feuille de cet arbre ont été tués, et que les seuls voyageurs qui ne périssent pas sur les voies ferrées sont ceux qui se sont munis du talisman.

Madame la vicomtesse de R***, dans un voyage qu'elle a fait de Rennes à Toulouse, a dû à une de ces précieuses feuilles de trouver partout les routes excellentes, les tables d'hôte exquises et d'un prix modéré, partout un accueil charmant et empressé, et d'échapper... à quoi?

Parbleu ! à tous les accidents qui ne lui sont pas arrivés.

Elle n'a été ni assassinée, ni volée, ni écrasée, ni brûlée, ni... tout ce que vous voudrez; et il est incontestable que tout cela lui serait advenu si elle n'avait pas eu la sainte feuille dans un sachet.

Heureuse vicomtesse!

Eh bien, lorsque l'ex-impératrice Eugénie alla en Égypte, le vice-roi, en guise de bouquet, lui a offert l'arbre de la Vierge.

Elle a cru par discrétion ne pas devoir l'emporter, mais elle en a coupé une branche.

Comment, avec cette branche et le trèfle à quatre feuilles, est-il arrivé... « ce qui est arrivé »?

Pour tout dire cependant, et pour ne pas avoir l'air d'être dupe, il faut faire remarquer que, de ces crédulités, quelques-unes sont vraies et bêtes; mais beaucoup sont des mensonges et des affectations; un grand nombre de bourgeois et de bourgeoises, ayant remplacé l'ancienne aristocratie, voudraient bien, avec les places qu'elle occupait, lui prendre aussi les allures, les airs, etc.; avoir, non-seulement les mêmes loges à l'Opéra, mais encore les mêmes chaises à l'église, et affichent les croyances qu'ils ont lu que professaient les membres de cette aristocratie renversée mais encore enviée. On veut mettre sa fille au couvent, on veut quêter, on veut chanter dans les églises, parce que c'est comme il faut, parce que mesdames de... et de... quêtent et chantent, et que ça permet aux maltôtières et aux marchandes enrichies de dire : « Madame la comtesse et moi. »

Entre plusieurs lettres que j'ai reçues au sujet de la Vierge de la Salette, j'en mentionnerai une, parce qu'elle me semble avoir un certain à propos :

« ..... Je puis vous certifier, dit ma correspondante, qu'un cousin du prince de Monaco, dans le délire d'une fièvre chaude, avait avalé une pièce de cinq francs en argent. Naturellement, il étouffait, son estomac n'ayant pas la puissance de celui de l'autruche, qui, assure-t-on, digère les métaux.

» Les médecins, après avoir administré en vain les vomitifs les plus énergiques, considéraient la situation comme désespérée, lorsque la mère du patient, madame la comtesse G. de B..., fit avaler à son fils, non pas « trois cuillerées », mais quelques gouttes d'eau de la Salette.

» A l'instant même, il rendit la pièce de cinq francs et fut sauvé..... ».

La lettre, dont je ne donne qu'un fragment, et dont je supprime les reproches accablants pour moi, n'est pas, je l'avoue et je le regrette, n'est pas signée. Seulement, quelques phrases démontrent qu'elle est écrite par une femme.

Je réponds :

Vous ne me dites pas tout, ou vous ne savez pas tout, ô ma belle correspondante !

Pour rendre la pièce de cinq francs, telle qu'elle avait été avalée, il suffisait d'un effort, d'un hasard ; mais ce qui constitue le miracle, c'est qu'il la rendît en monnaie : trois pièces d'un franc et quatre pièces de cinquante centimes !

★
★ ★

Un joli sujet de pèlerinage, puisque c'est la

mode en ce moment : Aller en Espagne voir l'Escurial, qui vient d'être en partie incendié.

Les clefs réunies des chambres de ce palais pèsent sept quintaux; mais ce n'est pas là ce qui doit attirer les pèlerins.

Les moines y possédaient autrefois sept corps entiers, cent sept têtes, cent soixante-dix-sept jambes, bras, fémurs; quatorze cents dents, doigts et menues reliques de saints.

Cette mode des processions s'était montrée du temps de la Ligue.

Henri III faisait avec ses mignons des processions de nuit, vêtus de sacs bleus, noirs, verts, blancs, rouges, sous prétexte d'être pénitents de ces couleurs, ce qui rendait facile de faire... ce qu'on fait sous le domino au bal masqué.

Le 3 juin 1590 eut lieu la fameuse procession

de la Ligue composée d'écoliers, de prêtres, de religieux, etc. ; à leur tête marchait le légat du pape, et Guillaume Rose, évêque de Senlis, et le prieur des chartreux ; ces deux derniers tenant d'une main un crucifix et de l'autre une hallebarde, les religieux et les prêtres revêtus des habits de leur ordre avec des casques et des cuirasses, des épées, des piques, des sabres et des arquebuses ; on chantait des psaumes et on tirait les arquebuses.

C'est ce Rose, évêque de Senlis, fougueux ligueur, qui disait : « Tous ceux qui entrent dans la Ligue seront sauvés après leur mort, eussent-ils tué père, mère, frère et sœur. »

Ce Rose fut un moment très à la mode ; on le célébrait en vers et en prose, en français et en latin.

« Quelle est cette rose? C'est la rose des rois, la

rose des princes, la rose des théologiens ; rose que l'envie des hérétiques ne saurait faner ; rose dont les tempêtes qui agitent l'Église ne pourraient disperser les feuilles, etc. » (Citation textuelle.)

Ces processions, pèlerinages, etc., ne tardaient pas à tourner au désordre. Saint Jérôme dit que « c'est une occasion prochaine à la débauche et au libertinage ».

Il existe plusieurs ordonnances de Louis XIV pour régler ou défendre les pèlerinages : « On se débauche et on s'accoste de mauvaises compagnies (juillet 1665). » — « Plusieurs soi-disant pèlerins quittent leur famille, laissent leur femme et leurs enfants sans secours, volent leurs maîtres et passent le pèlerinage en débauches continuelles (août 1671); » scellées du grand sceau de cire verte, en lacs de soie rouge et verte, signées *Louis*, plus bas *Colbert;* le 7 janvier 1686. Les désordres continuaient : autre ordonnance plus sérieuse, et scellée cette fois du grand sceau de cire jaune, signée *Louis,* « l'an 43° de notre règne », et, sur le ruban, *Colbert.*

⋆
⋆ ⋆

En présence des représentations données par les soi-disant « libres penseurs » et les pauvres diables qui se disent et peut-être se croient athées, il y avait à arborer le drapeau d'une religion grande, élevée, poétique, abandonnant les conventions et les inventions du dogme, ne prenant que ce qu'il y a de commun à toutes les religions humaines de tous les temps : la croyance, l'admiration, l'adoration d'un créateur, la contemplation de ses œuvres, la pensée qu'il est nécessairement tout-puissant, et que, étant tout-puissant, il est souverainement juste et bon ; que peut-être nous aurons à rendre compte de cette vie, que peut-être nous parcourrons successivement tous ces mondes suspendus dans l'espace, que probablement nous plaisons à l'Être suprême en étant comme lui justes et bons.

La justice et la bonté renfermées en quelques mots :

« Ne fais pas à autrui ce que tu ne veux pas qu'on te fasse ; fais à autrui ce que tu veux qu'on te fasse. »

De là le développement des bons instincts, de l'amour de la famille et de l'amour de la patrie, qui n'en est que l'extension.

Le *sarclage* des mauvais instincts, de l'égoïsme surtout, en démontrant de combien de bonheurs et de plaisirs il nous prive, en faisant voir combien la jouissance de recevoir est inférieure à la joie de donner, en attaquant la débauche non par l'abstinence et l'ascétisme, qui sont des folies, mais par l'amour, qui est, bien plus que l'abstinence et l'ascétisme, le contraire de la débauche; laissant, dis-je, de côté toutes ces histoires païennes, tous ces contes de la mère l'Oie qui rapetissent, déshonorent toutes les religions.

En se rappelant ce que disait Euclide à un homme qui lui demandait de quelle nature était Dieu :

— Je n'en sais rien, répondit-il. Mais ce que je sais très-bien, c'est qu'il déteste ceux qui veulent pénétrer les mystères qu'il nous cache.

Voilà ce qu'il fallait faire.

Voyons ce qu'ont fait les quarante ou cinquante députés qui ont donné la représentation du pèlerinage de Paray-le-Monial.

Au lieu de montrer aux populations la religion des grands esprits et des grandes âmes, ils ont fait une exhibition bruyante et ridicule de toutes les petites pratiques, de toutes les superstitions païennes, de toutes les minutieuses niaiseries des vieilles femmes, des portières; et des inventions extatiques au moyen desquelles on amuse et surexcite l'imagination des jeunes filles et on rend les nonnes hystériques.

Ils sont allés non pas rendre hommage à Dieu, le souverain créateur du monde; non pas même au Christ, ce qui eût déjà diminué la grandeur de la manifestation, parce qu'elle ne se serait plus adressée qu'à une partie des peuples, mais à une image, à un amulette, à une invention mesquine, absurde, ridicule, à une représentation d'un cœur qui n'a nullement la forme du cœur humain ; d'un cœur à la fois matériel et de convention, qui ne représente pas un cœur, mais la figure d'un des quatre as des jeux de carte. Qu'est-ce en effet que « le sacré cœur de Jésus » auquel ils ont voué, de leur autorité privée, « la France avec toutes ses provinces » ? un trope, une figure, une *catachrèse*, une *hypotypose*, ou mieux un *atout;* ils ont consacré la France à l'as de cœur; pourquoi pas à Jésus tout entier?

Cela rappelle cette légende mahométane : Un très-méchant homme, un jour, se promenant par la ville, vit un âne attaché qui s'efforçait en vain d'atteindre une écuelle où on avait mis son repas et qu'on avait négligemment placée trop loin de lui ; il eut pitié de l'âne, et d'un coup de pied rapprocha de l'âne son écuelle. Quand il mourut, son pied fut mis dans le paradis et le reste de son corps alla expier ses crimes dans l'enfer.

Il m'est impossible d'avoir plus de respect pour les déguisés en pèlerins que pour les déguisés en philosophes, pour les pierrots que pour les arlequins.

Ne faisons pas semblant de ne pas comprendre.

Pour la majorité des uns comme des autres, il ne s'agit là nullement de religion : c'est de la politique et de la mauvaise politique, politique d'enfants et politique de vieilles femmes, politique de bravade et de défi.

Pour compléter la chose, je conseillerai à ces

messieurs les pèlerins[1] de revêtir le grand chapeau et la houppelande à coquilles et de marcher les pieds nus.

Ou mieux, je me représente M. de Belcastel en habit de taffetas céladon et en bas de soie couleur de rose.

M. d'Abbadie, en surcot mi-partie avec blason de l'un ou l'autre, doublé de petit-gris ou menu-vair, tricot également mi-partie d'écarlate verte et d'écarlate blanche, manches déchiquetées en barbe d'écrevisse, souliers à la poulaine.

---

1. MM. d'Abbadie de Barrau, de la Bassetière, de Belcastel, de Bermont, Besson, Buisson, de Bouillé, de Carayon-Latour, Chesnelong, de Cintré; Combier; Cornulier; de Diesbach, Dufaur (Basses-Pyrénées), Dumont, Keller, de Kéridec, de Kermenguy, James, de Lagrange, de Lorgeril, Pajot, de la Rochefoucauld-Bisaccia, de Rodez-Benavent, de Sugny, de Saint-Victor, Théry, Dutemple, Vimal-Dessaignes, de Quinsonas, Kolb-Bernard, Gras; etc.

M. de Lorgeril poudré à frimas, coiffé à l'oiseau royal, habit à la française, de velours épinglé, gorge de colombe; boutons à tabatière; veste lilas glacé brodée de soie; culotte de drap d'or, doublé de toile d'argent.

M. de la Rochefoucauld-Bisaccia, perruque in-folio, canons du grand volume, justaucorps à brevet, veste mordorée, souliers à oreilles; un solitaire au petit doigt de la main droite, etc.

Je signalerai aussi le costume de quelques-unes des dames qui faisaient partie de la procession.

Madame B***, coiffée en hérisson, avec un œil de poudre, deux repentirs au naturel; un assassin sous l'œil gauche et un corset cuisse de nymphe, entrelacé d'une échelle de rubans assortis; jupes de linon des Indes à paniers relevés de roses pompon et de papillons de porcelaine de Saxe, bas chinés à coins, mules à talons rouges, patins.

Madame de D***, rotonde godronnée et fenestrée en truelle à poisson, béguin à la Médicis, *orlé* de perles; corsage à pointe, manches déchiquetées et tailladées à l'espagnole, vertugadin à sept pans, souliers carrés, losangés de rubans feu; gants brodés et cousus d'or de Florence, parfumés de civette; aumônière de velours incarnadin ouvré et ramagé.

Madame de C***, robe tunique à la spartiate, fendue sur la cuisse et retenue d'agrafes de pierreries; le manteau de peau de panthère, la demi-lune de diamants; cothurnes opale, glacés de paille, etc.

Ces processions, outre le tort d'être ridicules et de rejeter un certain nombre d'esprits hésitants et indécis du côté des « libres penseurs », ont encore le tort de rappeler les représentations du même genre faites du temps de la Ligue.

Nous allons, S. V. P., demander quelques souvenirs aux historiens du temps.

Commençons par une procession qui eut lieu à Chartres en 1588, c'est de Thou qui va nous la raconter.

« A la tête paroissoit un homme à grande barbe sale et crasseuse, couvert d'un cilice, et par-dessus un large baudrier, d'où pendoit un sabre recourbé. D'une vieille trompette rouillée, il tiroit par intervalles des sons aigres et discordants. Après lui marchoient fièrement trois autres hommes aussi malpropres, ayant chacun en tête une marmite grasse au lieu de casque, portant sur leurs cilices des cottes de mailles, avec des brassarts et des gantelets. Ils avoient pour armes de vieilles hallebardes rouillées. Ces trois rodomonts rouloient des yeux hagards et furibonds, et se démenoient beaucoup, pour écarter la foule accourue à ce spectacle.

» Après eux venoit frère Ange de Joyeuse, ce courtisan qui s'étoit fait capucin l'année dernière. On lui avoit persuadé, pour attendrir Henri, de représenter dans cette procession le Sauveur montant au Calvaire. Il s'étoit laissé lier, et peindre sur le visage des gouttes de sang, qui sembloient découler de sa tête couronnée d'épines. Il paroissoit ne traîner qu'avec peine une longue croix de carton peint, et se laissoit tomber par intervalles, poussant des gémissements lamentables.

» A ses côtés marchoient deux jeunes capucins, revêtus d'aubes, représentant l'un la Vierge, l'autre la Magdeleine. Ils tournoient dévotement les yeux vers le ciel, faisant couler quelques fausses larmes; et, toutes les fois que frère Ange se laissoit tomber, ils se prosternoient devant lui en cadence. Quatre satellites, fort ressemblants aux trois premiers, tenoient la corde dont frère Ange étoit garrotté, et le frappoient à coups de fouet, qui s'entendoient de très-loin. Une longue suite de pénitents fermoit cette marche comique. »

En voyant défiler devant la cour, dans la cathédrale de Chartres, cette pieuse mascarade, Crillon, brave guerrier, allié de Joyeuse, dont Voltaire a dit :

Il prit, quitta, reprit la cuirasse et la haire,

Crillon s'écria :

— Frappez tout de bon! fouettez-le, c'est un

lâche : il a endossé le froc pour ne plus porter les armes.

« Or, entre plusieurs gens de bonne foi, dit un autre historien, sous le sac de pénitents étaient cachés nombre des plus ardents ligueurs. »

L'année suivante (1589), le *Journal de Henri III* et le *Journal de Paris* racontent que :

« Des processions d'enfants parcouraient les rues ; on en fit une générale, composée de plus de cent mille, qui partirent du cimetière des Innocents, et se rendirent à Sainte-Geneviève, portant chacun un cierge de cire jaune. En entrant dans l'église, ils l'éteignirent et le foulèrent aux pieds en criant de toute leur force :

» — *Dieu éteigne la race des Valois!*

» Aux enfants se joignirent bientôt, dit le bon Parisien auteur du *Journal de Paris*, des personnes plus âgées, *tant fils que filles, hommes que femmes, qui sont tout nuds en chemise, tellement qu'on vit jamais si belle chose, Dieu merci !* »

Il se commettait à ces processions des désordres qui obligèrent les curés de les défendre, surtout celles qui se faisaient la nuit. Le duc d'Aumale, gouverneur de Paris, et d'autres jeunes gens, à l'exemple du chef, donnaient le bras à des femmes et des filles, fort indécemment vêtues, avec lesquelles ils s'amusaient à rire et folâtrer. D'Aumale *jetoit dans les églises, à travers une sarbacane, des dragées musquées aux demoiselles qu'il connoissoit, et leur donnoit des collations dans le cours de la marche.*

Ces messieurs les pèlerins auraient donc mauvaise grâce à se fâcher de quelques pierres qu'on leur aurait jetées sans les atteindre ; quand on joue à ce jeu-là, il ne faut pas craindre le martyre, surtout dans des proportions aussi bénignes. Pour moi, je blâme fortement les pierres, je n'aurais pas grand'chose à dire contre des *confetti*, comme on en jette à Rome, à Florence, à Nice, etc., au carnaval ; mais il ne faudrait pas dépasser les pommes cuites ; je suis tout à fait opposé aux pommes crues.

C'est ainsi que va la politique !

De même qu'il faut chercher les ennemis de la république dans les pseudo-républicains, se disant radicaux, il faut chercher les ennemis les plus dangereux de la religion dans certains pseudo-prêtres et dans certains ultra-dévots.

Chacun fait les affaires des autres et gâte les siennes.

Certes, les enterrements civils sont loin de faire à la religion catholique le tort immense que lui font ces processions, ces pèlerinages, ces miracles suspects, ces apparitions, où les Vierges se font condamner en police correctionnelle, comme il est arrivé à mademoiselle de la Merlière, dite la Vierge de la Salette ; mais comment blâmer les insultes aux pèlerins, si on ne blâme pas en même temps, bien plus, si on encourage les insultes aux amateurs d'enterrements civils ?

Pourquoi envoyer des gendarmes pour protéger les pèlerins, et des gendarmes pour empêcher les « libres penseurs » ?

Défendez les uns et les autres, gênez les uns et les autres, protégez les uns et les autres, ou mieux laissez faire les uns et les autres, avec les précau-

tions que la police doit prendre contre tout rassem
blement.

Car, disait un ancien, qui rassemble le peuple,
l'émeut.

Et laissez le ridicule et le temps faire justice
de ces gamineries de gens âgés.

Avec la liberté des processions de tout genre,
il faut la liberté du rire.

★
★ ★

En racontant les processions politico-religieuses
qui eurent lieu du temps de la Ligue, j'ai dit
qu'on fut forcé de les interdire à cause des désordres qu'y causaient ceux-là mêmes, les fidèles,

qui provoquaient ces manifestations catholiques, et particulièrement à cause des gaietés auxquelles se livrait « d'Aumale avec les demoiselles de sa connaissance ».

Il en fut de même des pèlerinages, — qui paraissent à la mode aujourd'hui et ont été à la mode à d'autres époques. — Il existe une lettre de saint Grégoire de Nysse, le frère de saint Basile. Il détourne « les fidèles » des pèlerinages, soit à Jérusalem, soit ailleurs : « C'est, dit-il, une occasion prochaine à la débauche et au libertinage. » Saint Jérôme s'exprime dans les mêmes termes dans une lettre à Paulin, évêque de Nole; saint Augustin blâme les pèlerinages qui montrent peu d'amour de la patrie : — *Cui peregrinatio dulcis est non amat patriam.*

Boniface, archevêque de Mayence, écrivant à

Cuthbert, évêque de Cantorbéry, en 723, l'exhorte à s'opposer aux pèlerinages de ses ouailles ; enfin, dans le XIIIe siècle, un concile crut devoir régler cette mode par diverses restrictions.

Charlemagne recommande aux magistrats des provinces d'avoir l'œil sur les pèlerins.

Louis XIV crut devoir réprimer les abus des pèlerinages.

En 1665, en 1671, en 1686, il parut plusieurs ordonnances à ce sujet. Dans la première, contre-signée *de Guénégaud,* les pèlerinages sont crûment appelés « libertinages » : « D'aucuns se débauchent, quittent leurs maisons et s'accolent de méchantes compagnies pour faire ces pèlerinages. »

Dans la seconde, plus sévère et « scellée du grand sceau de cire verte, en lacs de soie rouge et verte », et contre-signée *Séguier :* « Il faut corriger les désordres qui se sont introduits dans notre royaume sous un prétexte spécieux de dévotion et de pèlerinage ; plusieurs soi-disant pèlerins quittent parents et famille, leurs femmes et leurs enfants, abandonnent leur apprentissage, » etc.

La troisième, contre-signée *Colbert,* avec « le grand sceau de cire jaune », met les pèlerins sous la surveillance de « tous juges, magistrats, prévôts des maréchaux, vice-sénéchaux, leurs lieutenants, exempts, maires, consuls, échevins, jurats, capitouls et syndics ».

Parlons un peu encore une fois de la consécration de la France au « sacré cœur » : c'est comme si on voulait baptiser un enfant qui l'aurait déjà été ; ça doit avoir un nom fâcheux dans la langue de l'Église.

La France a été consacrée à la Vierge par Louis XIII.

« 10 février 1638.

» Louis, par la grâce de Dieu, Roy de France et de Navarre, à tous ceux qui ces présentes verront, salut :

» Dieu qui élève les Roys au trône de leur grandeur, non content de nous avoir donné l'esprit qu'il départ à tous les princes de la terre, pour la conduite de leurs peuples, a voulu prendre un soin si spécial de notre personne, etc.; — à la Mère de Dieu, élevée jusqu'à lui, — en la protection de laquelle nous mettons particulièrement notre personne, notre État, notre couronne et tous nos sujets... Nous avons déclaré que nous prenons la très-sainte et très-glorieuse Vierge pour protectrice spéciale de notre royaume, nous lui consacrons notre personne, notre État, notre couronne et tous nos sujets...

» Car tel est notre plaisir.

» L'an de grâce de notre règne, le 28°.. Par le Roy. — *Donné à Saint-Germain en Laye,* — scellé sur double queue de cire jaune. »

Peut-être, en se rappelant l'histoire de ce temps-là, pourrait-on trouver que Louis XIII, qui régna successivement sous la tyrannie de sa mère, sous celle de Concini, sous celle de Luynes et sous celle de Richelieu, s'exagère la somme « d'esprit » que Dieu lui avait « départie pour la conduite de ses peuples »; mais, enfin, ce qui est fait est fait, et nous sommes voués à la Vierge par cette déclaration revêtue de toutes les formalités et « scellée sur double queue de cire jaune ».

Or, de quel droit MM. de Belcastel et les autres

chevaliers de l'as de cœur viennent-ils contredire le roi Louis XIII? considérer comme nulle son ordonnance de 1638, ne tenir aucun compte du sceau sur double queue de cire jaune, et enlever le patronage de la France à la sainte Vierge, pour le transmettre à l'as de cœur? Est-ce qu'il n'y aurait pas là l'occasion d'un petit schisme dont l'Église a vraiment besoin pour secouer la torpeur et lutter contre les deux hérésies les plus redoutables qu'elle ait subies des *quèqueçamefaitistes* et des *çam'estégaliens*.

★
★ ★

Vous blâmez — c'est votre droit, à chacun individuellement — les enterrements civils; mais vous ne vous contentez pas de prévenir le désordre dont ils peuvent être le prétexte : vous répondez par des exhibitions non moins ridicules, par vos pèlerinages à la Salette, pour adorer mademoiselle de la Merlière; à un autre endroit, pour consacrer la France à l'as de cœur, etc., etc.

Que diriez-vous d'un commissaire qui, apprenant que des pierrots font du bruit dans un cabaret, imaginerait d'aller, pour les braver et les contrarier, dans un autre cabaret, se montrer déguisé en arlequin ? Mensonge, honteuse et ridicule comédie des deux parts ! — Quant aux enterrements civils, vous ne pouvez nier ni même discuter le droit qu'a tout homme de se faire enterrer à sa guise ; que diriez-vous si, quelque chose comme la Commune revenant au pouvoir, on vous empêchait de conduire vos morts à l'église ? ce ne serait pourtant que la même chose. Laissez les gens s'enterrer et se faire enterrer à leur fantaisie, soyez sévère pour tout désordre qui en serait la suite, et laissez faire.

Je ne puis voir sans mauvaise humeur le catéchisme qu'il est de bel air et de mode de dégoiser aujourd'hui contre les enterrements civils ; croyez-vous que, parmi ceux qu'on enterre avec toutes les cérémonies payées de l'Église, il ne se glisse pas de temps en temps quelques coquins ? L'homme qui a laissé en mourant l'ordre de l'enterrer sans cérémonies ecclésiastiques peut être un homme qui se trompe, et de cela vous n'avez qu'une preuve, c'est qu'il pense autrement que vous ne pensez, — peut-être que vous ne faites semblant de penser. Je veux croire encore qu'il est guidé par cette même vanité survivant à la mort qui met tant de vertus sur les pierres tumulaires, et ferait croire à ceux qui parcourent un cimetière qu'on n'enterre et peut-être qu'il ne meurt que les honnêtes gens.

Peut-être cette vanité va jusqu'à espérer d'être, après la mort, la cause ou le prétexte d'un désordre, d'une émeute, d'avoir sur sa tombe un discours que, n'ayant pas d'héritage à laisser, on n'aurait aucune chance d'obtenir, si on ne l'attendait de l'esprit de parti.

Je veux admettre que ceux qui se font enterrer civilement sont assez malheureux pour ne pas croire à l'âme immortelle, qui est une hypothèse morale et consolante, mais qui cependant est une hypothèse, et assez bêtes pour ne pas croire en Dieu. Et notez que cela n'est pas prouvé, car il serait possible de croire simplement en un Dieu juste et bon, qui se passerait de la recommandation et de la permission des prêtres pour accueillir les acquittés de la vie terrestre, et ouvrir à leur âme une vie éternelle ; il serait possible que ce fût un acte de défiance non contre la Divinité, mais contre l'Église.

Et, dans tous les cas, l'homme qui se trompe, l'homme qui ne pense pas comme vous pensez, ou comme vous faites semblant de penser ; l'homme qui, par vanité, veut avoir un discours sur sa tombe, l'homme qui ne croit pas — fût-ce à tort — à ceci ou à cela à quoi vous croyez ; l'homme qui est aveugle et bête au point de ne pas croire à un Dieu, ne mérite pas, selon moi, ce torrent d'injures, disons le mot, cet « engueulement » que trop de gens vertueux se donnent le plaisir de débagouler, — en revenant de la Salette, de faire leurs dévotions à l'endroit où mademoiselle de la Merlière s'est « accroupie » (*textuel*).

C'est que cette longue guerre contre les priviléges et les abus de l'aristocratie, sauf pour deux ou trois philosophes éparpillés en trois cents ans, n'a jamais eu pour but de renverser ces abus et ces priviléges, mais de les conquérir. C'est qu'il y a aujourd'hui une classe de fils de bourgeois enrichis il y a trente ans, qui veulent se distinguer des fils de bourgeois enrichis il y a dix ans, se regardent relativement comme d'une ancienne noblesse, et veulent dire avec les restes de l'aristocratie ancienne : *nos croyances*, *nos ancêtres*, *nos pères*, quoique devant eux on ne parle jamais de leur grand-père par politesse, et que, s'ils ont eu plusieurs pères, ils les ont certainement eus à la fois.

Avec l'instruction vulgaire actuelle, sans en avoir même beaucoup profité, il n'est pas vrai qu'on croie aux miracles..., du moins modernes, lesquels, disait un cardinal italien, ne sont bons qu'à faire douter des miracles anciens : *Mi fanno dubitare degli antichi.* Il est peu croyable, l'Église ayant été obligée, pour ne pas perdre la possession de l'instruction publique, d'élever le niveau de celle qu'elle donne, que beaucoup de prêtres même croient aux miracles de la Salette, de Lourdes, de Marie Alacoque, etc., etc., etc.

Mais on veut, je le répète, se déguiser, quelques-uns en Godefroy de Bouillon, en Baudouin, en Raymond de Toulouse; quelques-uns, plus modestes, se contentent de prendre le masque du baron-président d'Oppède, qui massacra, égorgea et brûla les vaudois; d'autres roulent entre leurs doigts le chapelet d'Anne de Montmorency, le tueur de huguenots, pour lequel on avait ajouté aux litanies : « Dieu nous garde des patenôtres du connétable ! »

Mon Dieu, ça n'est pas joli, je le sais, mais ça a l'air noble, et vieille noblesse, et souche antique; si on n'attrape pas les autres, du moins on s'attrape soi-même, et ça suffit au bonheur de bien des gens.

On se rappelle cet homme qui, sous la Restauration, demanda à faire la preuve que son bisaïeul avait été décapité pour crimes de vol de grande route et de fausse monnaie : c'était un titre de noblesse, car un roturier, un vilain eût été pendu.

Un des gros mots les plus usités,— on a trouvé

peu de formes variées, quoiqu'il y ait concours et émulation, — est de reprocher aux enterrés civilement de n'avoir pas d'âme et de se faire *enfouir* comme des chiens; il me semble hardi d'affirmer que les chiens n'ont pas d'âme, et je défie le plus fort de ces messieurs de le prouver.

De plus, dans la recherche des injures énergiques, on n'a rien trouvé de mieux que de substituer le mot *enfouissement* au mot *enterrement*; serait-il permis de demander à ces messieurs quelle est la différence qu'ils croient exister entre ces deux mots. N'ayant pas lesdits messieurs sous la main, je m'adresserai à d'autres.

Le dictionnaire de l'Académie dit :

« *Enfouir* un trésor, — *enfouir* son talent, — *enterrer* le carnaval; cheval qui *s'enterre*, qui s'appuie sur les rênes, et s'abandonne sur les épaules, — *s'enterrer* en province, — maison *enterrée*. »

Le dictionnaire de Boiste :

« *Enfouir* son trésor, son talent, — l'avare *enterre* son âme avec son trésor. »

Et l'excellent dictionnaire de Littré, que la maison Hachette m'a fait l'amitié de m'envoyer :

> Un curé s'en allait gaiment
> Enterrer le mort au plus vite.
>
> LA FONTAINE.

Socrate à Criton, qui lui demandait comment il voulait être *enterré*, répond : « Comme vous voudrez. »

« Le marquis de Mirepoix s'*enterra* en province avec la fille d'un cabaretier. » (Saint-Simon.)

De ces exemples, il ressort que ces deux mots sont à peu près synonymes, et que, s'il y a quelques différences entre eux, ce serait que l'*enfouissement* s'appliquerait aux choses plus précieuses.

Un autre, dit-on, a imaginé le terme d'*encrotter;* mais l'inventeur du mot, si on l'enterre lui-même un jour de pluie, ne pourra pas éviter d'être *encrotté.*

. . . .

★
★ ★

J'en étais là lorsqu'on m'apporte un journal, et je vois dans ce journal une lettre qui me jette dans une grande anxiété.

Cette lettre est de M. Xavier de Montépin; et

voilà que je ne me trouve nullement d'accord avec lui.

M. de Montépin est un écrivain qui a fait plus de trois cents volumes, « romans de cabinet de lecture », dit Vapereau un peu irrévérencieusement. De ces romans, j'avais déjà lu trois pages en 1855, et j'étais tout porté à croire que j'en aurais lu d'autres et en aurais fait mes délices, lorsque M. de Montépin fut condamné en police correctionnelle à l'amende, et je crois aussi un peu à la prison pour une publication jugée « immorale et contraire aux mœurs ». Je ne crus pas devoir continuer à lire M. de Montépin.

M. de Montépin annonce que c'est comme catholique et royaliste qu'il prend sa plume, — cousine germaine de cette dague que Cyrano de Bergerac appelait « la massacroire » ; — il dit que les gens qu'on enterre civilement sont ensevelis entre quatre planches *mal jointes;* pourquoi mal jointes? Est-ce que les menuisiers qui font les cercueils sont catholiques et royalistes comme M. de Montépin? mais alors ce ne serait pas honnête et la faute n'en serait pas aux enterrés.

Il ajoute que ceux qu'on enterre civilement sont des *avortés,* des *bâtards,* des *enfants de concubins.* Supposons que ce soit vrai, seraient-ils moins *avortés,* moins *bâtards,* moins *enfants de concubins,* si on avait porté le cercueil à l'église?

Un peu plus loin, il raconte que les amis de M. Ranc boivent du *vin moisi* et de *l'eau-de-vie frelatée.* Les pauvres gens me font grand'pitié! et je comprends qu'ils soient mécontents de la société actuelle. Peut-être n'est-il pas prudent à M. de

Montépin d'excuser ainsi et de justifier leurs réclamations et leurs projets.

M. de Montépin veut qu'on ne salue pas un mort qu'on enterre civilement ; il appelle ce mort « la carcasse d'un libre penseur qu'on traine au charnier » ; est-ce comme royaliste, est-ce comme catholique qu'il parle ainsi ? à coup sûr, ce n'est pas comme chrétien.

Il prie M. de Mac Mahon de « faire porter au cimetière des guillotinés tout mort qu'on ne porte pas à l'église, — sur la charrette du bourreau, escorté seulement par les gendarmes ».

Savez-vous que c'est une rude punition qu'on encourt pour ne pas penser comme M. de Montépin ! et moi qui n'ai lu de lui que trois pages et qui ne puis savoir tout ce qu'il pense, je me trouve bien embarrassé.

M. de Montépin finit par une phrase que je vais copier tout entière :

« La liberté de conscience est un mot vide de sens. L'homme, créé à l'image de Dieu, n'a pas le droit de nier son créateur, ou tout au moins d'étaler cyniquement, comme un titre de gloire, sa scandaleuse incrédulité. Celui-là, quel qu'il soit, qui joue la comédie de ne pas croire en Dieu, est un coquin à qui Dieu fait peur. »

Et comment fera-t-on sans la liberté de conscience ? Tout le monde devra penser comme M. de Montépin, — même comme il pensait dans le livre qui, en 1855, a été condamné comme contraire aux mœurs ?

M. de Montépin est-il bien certain d'avoir été créé à l'image de Dieu ?

Je crois Dieu un peu moins dur et un peu

moins violent; et qui sait si certaines gens ne se croient pas athées parce qu'ils ne veulent pas d'un Dieu dont M. de Montépin est la vivante image, un Dieu qui ressemble tant que cela à M. de Montépin.

« On n'a pas, dit-il, le droit d'étaler sa scandaleuse incrédulité! »... Je le veux bien; mais, alors, que les pèlerins n'étalent pas leur ridicule et provoquante crédulité, et, qui pis est, leur mensonge de crédulité.

« Celui qui joue la comédie de ne pas croire en Dieu est un coquin, à qui Dieu fait peur! » Ça a l'air de dire quelque chose; eh bien, non. Celui qui a peur de Dieu y croit; — mais ne pourrait-on pas dire : « Ceux qui font semblant de prendre pour un hommage à l'Être suprême des momeries ridicules et qui veulent y contraindre les autres sous peine d'être jetés à la voirie, sont des coquins à qui Dieu ne fait pas assez peur! »

M. de Montépin me paraît un peu faiblir dans les conseils qu'il donne à M. de Mac Mahon; je vais lui demander la permission de lui rappeler la formule ancienne des condamnations contre les suicidés :

« Le cadavre dudit défunt sera attaché par l'exécuteur de la haute justice derrière une charrette, et traîné sur une claie, la tête en bas et la face tournée contre terre, — par les rues de ladite ville, depuis les prisons jusqu'à la place publique, où il sera pendu par les pieds à une potence qui sera à cet effet plantée audit lieu, et, après y avoir demeuré vingt-quatre heures, jeté à la voirie, ses biens acquis et confisqués, etc., etc.

» Fait au parlement, le 31 janvier 1749. »

Pourvu, mon Dieu, qu'on n'applique pas cette peine aux gens qui n'ont pas lu les livres de M. de Montépin! moi qui n'en ai lu que trois pages! et qui risque de ne pas penser comme lui sur plusieurs points!

Certes, il s'est passé et il se passera à propos des enterrements civils des choses scandaleuses, répugnantes et bêtes; cependant, comme je mets la vérité avant tout, il ne faudrait pas croire que tout se passe toujours d'une façon convenable, sainte, respectueuse et chrétienne, aux enterrements entourés des cérémonies de l'Église. J'ai dénoncé entre autres, à l'archevêque de Paris, dans les anciennes *Guêpes* (mars 1845, avril de la même année), un exemple d'indécence scandaleuse et d'avidité honteuse, donné par des prêtres à propos d'un enterrement :

« Il y avait là des poëtes, des musiciens, des soldats ; tout le monde était décent et recueilli, tous excepté les prêtres.

» Tout le monde avait l'air de croire et d'espérer en Dieu, tout le monde excepté les prêtres.

» Au moment où un fils et des amis vont demander à la religion des consolations pour eux et des prières pour leur cher mort, ils ne trouvent dans l'église que de mauvais comédiens qui ne prennent pas la peine de savoir leur rôle et de le jouer décemment. »

Je reçus une réponse menaçante à cette plainte, — réponse signée d'un prêtre, — donnant pour raison le peu d'argent donné à l'église, et avouant que cela rangeait la cérémonie dans une classe où les prêtres n'avaient que certains habits et n'étaient tenus qu'à une certaine « somme de décence ».

Presque toutes les choses humaines s'arrangeraient assez facilement, si elles se présentaient sous leur vrai nom, véridiquement et loyalement étiquetées; mais il n'en est pas ainsi, et il faut procéder comme au bal masqué, où c'est d'après quelque détail qu'on n'a pas réussi ou songé à déguiser — le pied, la main, la démarche, — qu'on peut soupçonner à qui on a affaire, et dire : « Je te connais, beau masque... ou vilain masque ! »

Il est une question qui a fait verser beaucoup de sang : c'est la question religieuse, question qui semblerait ne pouvoir être le sujet d'aucune discussion et devoir se trancher par la liberté absolue. Chose étrange! les païens — disons plus poliment les anciens — ignoraient les guerres de religion ; les Romains, maîtres du monde, laissaient à chacun des peuples soumis et ses dieux et ses cérémonies, ses croyances et ses superstitions; ils poussaient même la longanimité à cet égard au point d'accueillir chez eux ceux d'entre les dieux étrangers qui leur semblaient de bonne mine, et de leur donner l'hospitalité dans *la ville*. Les persécutions contre le christianisme, fort exagérées par les légendes, ont été exercées surtout contre des séditieux, qui ne visaient à rien de moins que la domination universelle, et procédaient, comme

Polyeucte, en renversant les statues des dieux, c'est-à-dire de la forme alors convenue, sous laquelle on adorait l'Être suprême.

Et, chose plus étrange! les guerres de religion ont été imaginées sous prétexte d'une religion dite de paix et d'amour, la religion chrétienne, dont le Messie, qu'on allait tuer, ne voulut même pas être défendu par ses disciples.

Dieu sait quelles cruautés ont été exercées sous ce prétexte insolent et insensé de protéger Dieu, et, s'il le sait, je doute qu'il en ait été content.

La question religieuse est, je le répète, celle qui devrait admettre la liberté la plus absolue; cette liberté, en effet, qui, comme toute liberté, doit avoir pour limite la liberté des autres, n'apporte de trouble dans la société que lorsqu'elle est contestée ; et, d'ailleurs, que savons-nous d'une manière assez certaine à ce sujet pour pouvoir l'imposer aux autres ? Toute religion a ou a eu ses croyances, ses traditions, ses miracles ; le parti le plus sage et le moins exposé à l'erreur serait d'adorer humblement et avec amour le souverain créateur de toutes choses, sans lui donner ni une forme, ni une étendue, ni une figure, ni des limites.

En tout cas, il faut permettre à chacun d'adorer, sous le nom et de la façon qui lui paraît la meilleure, ce Dieu

> Qui s'est logé très-haut et qui ne nous permet
> Que des opinions, gardant pour lui le vrai.

Je pousserais même l'indulgence jusqu'aux athées, si je croyais aux athées ; mais, quoique j'aie étudié toutes les espèces et toutes les variétés de la bêtise humaine, je refuse de croire qu'elle puisse parvenir au degré nécessaire pour produire l'athéisme; il y a, je le sais, des gens qui se disent et peut-être se croient athées : les premiers sont entraînés par la vanité et pensent avoir l'air trèsfort; les seconds se trompent; indignés de certaines tyrannies exercées sous prétexte de religion, dégoûtés de certaines momeries et pratiques superstitieuses, ils refusent d'accepter pour Dieu le Dieu masqué, déguisé, l'agneau de l'Évangile, dont l'inquisition avait fait un tigre, et ils disent bêtement : « Je ne crois pas en Dieu », quand leur pensée et leur sentiment seraient mieux exprimés en disant : « Je ne crois pas en ce Dieu-là; je ne crois pas que le Dieu que vous avez inventé soit le vrai Dieu ».

Remarquez que, si on leur dit : « Vous prétendez qu'il n'y a pas de Dieu? mais regardez autour de vous, sur vos têtes, à vos pieds; qui a créé cet univers? ».

Ils vous répondent sottement : « Le hasard ».

Je le veux bien; mais disons alors que le hasard est un grand et puissant Dieu : Zeus, Jupiter, Jéhovah, le hasard; peu importe quel nom on lui donne, il faut l'adorer.

La liberté de conscience admise, — et il faut l'admettre, sous peine de sottise tyrannique, — il devrait être permis aux uns de faire des processions et des pèlerinages à n'importe quelle Vierge noire ou blanche, à n'importe quelles reliques, d'étaler toutes les pompes et tous les luxes, à la naissance, au mariage, à la mort, — tandis qu'aux autres il serait également permis de baptiser ou de ne pas baptiser leurs enfants ou de les baptiser sans cérémonie, de se marier seulement à la municipalité, et de conduire leurs morts directement au cimetière sans passer par l'église.

Je ne vois aucune objection à faire aux uns ni aux autres.

Mais, malheureusement, si on ne s'en fie pas à l'étiquette, on découvre qu'il s'en faut que les uns et les autres soient francs et véridiques dans leurs manifestations.

Beaucoup d'entre ceux qui vont en procession aux pèlerinages et aux sanctuaires miraculeux, font de cette démarche le prétexte d'une tentative de réaction en faveur, non pas de la religion, mais de la puissance de l'Église, et une sorte de provocation.

En même temps, c'est sans conviction arrêtée que beaucoup d'entre les autres machinent et exécutent leurs enterrements civils, c'est une forme de l'agitation et presque de l'émeute, c'est une taquinerie, une gaminerie funèbres plus ou moins bruyantes et scandaleuses.

Il est des gens qui ont inventé une sorte de contre-religion qui a ses dogmes, ses rites, ses superstitions au moins autant qu'aucune religion; ces gens-là, par exemple, s'astreignent scrupuleusement à manger gras le vendredi et font de cette obligation un devoir et presque une austérité et une macération.

Ils adorent le néant — rien du tout, *nihil* — avec des cérémonies dont il semble qu'ils pourraient se passer; leur *pas de culte* est un culte rigoureux, leur athéisme est une religion; ils adorent « pas de Dieu », avec pompe, fanatisme et superstition, et surtout beaucoup de bruit.

Si les premiers se déguisent en pèlerins, les seconds s'affublent en philosophes, carnaval des deux parts, deux charrettes de masques se provoquant de la voix et du geste.

Le déguisement des uns explique et justifie presque le masque des autres, et, au fond, la religion n'est pour rien là dedans, si ce n'est pour un double sacrilége.

Voyons, les pèlerins !

Osez-vous me dire que vous croyez tous aux miracles, aux apparitions de la Salette et des autres sanctuaires ?

Voyons, les libres penseurs !

Osez-vous me dire que vous ne songez qu'à vous

abstenir des rites et des cérémonies que vous désapprouvez ?

Je ne repousse pas les pompes de la religion catholique ; c'est un luxe et une source de fêtes pour les pauvres. Je voyais encore ces jours derniers à Venise la foule s'entasser dans ces églises si belles, si riches, si ornées de chefs-d'œuvre, où on chante de si beaux opéras, où peut-être la musique est un peu trop dansante, mais où il faut admirer l'habileté de ces anciens aristocrates vénitiens, faisant, dans leur luxe et leurs jouissances, la part du peuple et la part des pauvres pour se les faire pardonner.

J'aime les reposoirs, les tentures, les fleurs de la Fête-Dieu.

Mais, dans les moments de trouble, de lutte, de quasi-guerre civile, où il ne faut qu'une étincelle pour produire une explosion, j'en reviendrais à cette loi ou ordonnance deja ancienne qui prohibe, dans toute ville où il y a plusieurs religions ou plusieurs sectes, toute manifestation extérieure du culte. J'approuverai, si l'on veut, l'arrêté du nouveau préfet de Lyon, qui fixe à une certaine heure les enterrements civils, et leur défend tout bruit et toute provocation ; mais à la condition d'un autre arrêté, imposant la même réserve aux pèlerinages, aux processions et aux enterrements catholiques.

Il ne faut pas permettre que les enterrements civils soient un masque et une gaieté de l'émeute; mais il faut reconnaître la liberté de toute religion, et même de « pas de religion ».

Pour ma part, en fait de cérémonie funèbre, je n'ai qu'un vœu à former, c'est qu'on fasse en sorte de ne me pas enterrer vivant; c'est aussi qu'on ne dépense point d'argent pour m'enterrer avec des cérémonies vaniteuses; mais je laisse à ceux que l'affection chargera de ce dernier devoir la liberté de faire de mon corps ce qu'ils voudront.

Je déclare que je ne sais absolument rien d'une autre vie; ma raison me dit que nous serons après la mort ce que nous étions avant la vie, mêlés, confondus, perdus dans les éléments; mais il est parfaitement possible que ma raison se trompe, qu'il n'ait pas été donné à la raison humaine de pénétrer ces mystères; il est parfaitement possible que nous ayons à rendre compte de notre vie avant de passer dans une autre.

Je ne crois pas à un Dieu implacable, édictant

des peines éternelles pour des fautes qu'il dépendait de lui de nous empêcher de commettre, parce que je le crois tout-puissant et souverainement bon ; aussi, j'ai tâché toujours d'agir de façon à pouvoir attendre la mort sans anxiété ; si je dois paraître devant un Dieu nécessairement juste et bon, je m'examine et je ne redoute ni sa présence ni sa justice.

Que l'on m'enterre après avoir récité des prières pour moi, ou sans avoir récité des prières, peu m'importe, on fera ce qu'on voudra.

Je me sens prêt à paraître devant le tribunal de Dieu, si toutefois Dieu si grand a la bonté de s'occuper encore des grains de poussière que nous sommes ; ce qui pourrait, du reste, être un des côtés de sa grandeur.

Mes fautes sont celles de ma nature et de

mon tempérament; j'ai fait le moins de mal et le plus de bien qu'il m'a été possible. Me voilà.

Je désapprouve donc les injures si prodiguées aux gens qu'on enterre sans les cérémonies de l'Église; je les permets contre ceux qui prennent ce prétexte pour *paraître*, pour faire du bruit et du scandale, mais il faut accentuer nettement cette distinction et ne pas se permettre, en aucun cas, ces injures contre le mort qu'on enterre.

La députation de l'Assemblée nationale, qui s'est abstenue de conduire le corps de M. Brousse, parce qu'il ne passait pas par l'église pour aller au cimetière, a manqué à son devoir; le colonel qui a fait rebrousser chemin à ses soldats et qu'on a loué à ce sujet, aurait manqué à son devoir et devrait être mis aux arrêts, s'il n'avait pas d'ordres précis en ce sens.

C'est une comédie contre ce qu'on accuse d'être une comédie.

Celui que l'on conduisait au cimetière avec certaines cérémonies et certains honneurs convenus, c'était un citoyen et un député ; à ce double titre, ces honneurs lui appartenaient et on n'avait pas le droit de les lui supprimer, qu'il fût catholique, protestant, luthérien, juif, musulman ou athée (toujours s'il y a des athées).

Si l'ordre a été donné, comme l'ont prétendu à tort, je crois, certains journaux, par M. de Mac Mahon, M. de Mac Mahon aurait manqué à son devoir ; le chef d'un État peut être, en son particulier, aussi religieux, dévot même et pratiquant que bon lui semble ; mais, dans l'exercice de ses fonctions, il ne doit tenir aucun compte de la religion ou de l'irréligion de personne.

Il doit à tous, hérétiques, païens, idolâtres, athées (toujours s'il y a des athées), une justice égale, et n'a pas à se mêler de leur conscience.

Je me résume.

En ce moment de troubles et d'agitation, il serait sage d'empêcher tout prétexte à une collision et à des bravades, de quelque part qu'elles viennent; il faudrait astreindre et les enterrements civils et les enterrements religieux à une même discrétion et à une même réserve; il en devrait être de même pour les processions et les pèlerinages.

Pour moi, j'ôterai mon chapeau devant un mort enterré religieusement comme devant un mort enterré civilement; de même que je me tiens dans une posture respectueuse dans toute église, dans tout temple, sans me soucier des rites et des cérémonies, et des noms de ceux qui y adorent ou sont censés y adorer Dieu.

Un des torts de cette manifestation, et de la députation de la Chambre et de la consigne donnée au colonel des cuirassiers, c'est d'avoir donné raison, du moins en apparence, à MM. Gambetta, Challemel-Lacour, etc., pendant dix bonnes minutes.

Que direz-vous si les pseudo-républicains, si MM. Vermesch, Pyat, Gaillard père et Avoine fils reviennent au pouvoir? et, je vous le dis en vérité, je ne trouve pas qu'on fasse tout ce qu'il faut pour empêcher ce retour; que direz-vous d'une façon d'agir qui donnerait alors le droit d'appeler représailles ce qu'ils sont bien capables de faire?

En attendant, on ne m'empêchera pas de considérer comme bon chrétien l'homme qui, comme M. Brousse, laisse en mourant sa fortune aux pauvres et fait des pauvres sa famille et ses héritiers.

Et, si vous ne voulez pas absolument que cet homme soit un chrétien, alors, j'en suis fâché pour vous : c'est qu'il y aurait quelque chose de mieux que d'être chrétien.

Quant aux pèlerinages, ça m'est complétement égal et ça ne me choque un peu et avec un mélange de gaieté que quand c'est un semblant, une « pose » pour étaler des airs aristocratiques, que se donnent certains bourgeois qui veulent avoir les mêmes loges à l'Opéra et les mêmes chaises à l'église que l'ancienne aristocratie; ça me choque un peu plus quand c'est un mensonge et une manifestation politique.

Mais, quand ces pèlerinages sont exécutés par des gens de bonne foi, que ça intéresse, que ça amuse, qui croient faire une œuvre agréable à Dieu, qui espèrent des miracles à une époque où nous en aurions si grand besoin, je suis trop ami de la liberté pour le trouver mauvais. « La liberté de chacun a pour limites la liberté des autres. »

Je me réserve mes idées, mes opinions, mes croyances ou mes incrédulités (incrédulité en bon français n'est pas le contraire de croyance, mais le contraire de crédulité), respectant les idées, les opinions, les croyances et même les crédulités des autres.

Et si je me permets parfois d'exprimer certains

doutes, ce n'est pas pour les chagriner ni leur faire partager ces doutes, mais simplement l'histoire de jaser avec ceux qui pensent comme moi ou à peu près.

En fait de pratiques religieuses, je suis ennemi déclaré des représentations matérielles de la divinité; je suis franchement iconoclaste; je trouve que ces peintures ont le tort immense de réduire absurdement l'Être suprême et le souverain créateur aux mesquines proportions de l'humanité; je ne me permets jamais dans ma pensée de lui assigner ni une forme, ni une matière, ni des dimensions; ceux qui agissent autrement ont, selon moi, outre le tort de diminuer cette grande idée, le tort de se placer eux-mêmes sur une pente glissante où, après avoir donné à Dieu la figure humaine, ils lui attribuent bien vite les passions et les petitesses de l'humanité ; enfin, ils me rappellent ce hanneton et cette chenille... Mais c'est une fable, donnons-lui son titre et un aspect typographique convenable.

LE HANNETON ET LA CHENILLE.

Fable.

Un hanneton et une chenille se rencontrèrent dans un jardin, où tous deux trouvaient une nourriture aussi variée qu'abondante.

— Je voudrais bien savoir, dit la chenille, quelle est la chenille de génie qui a planté ce jardin ?

— Ma mie, reprit le hanneton, vous ne le saurez jamais, par la raison bien simple que ce n'est pas une chenille : c'est un très-gros hanneton qui en est l'architecte et l'auteur.

Au point de vue catholique, on peut représenter en peinture le Dieu fait homme, sous la forme qu'il a revêtue, mais seulement pendant le temps qu'il a passé sur la terre ; on peut peindre également la Vierge Marie, parce qu'elle a été humainement femme, vierge et mère ; mais on ne doit pas les représenter après l'Ascension ni après l'Assomption.

Je trouve surtout absurdes, irrespectueuses, indécentes, toutes les représentations de Dieu le père dans le ciel et sur des nuées, sous les traits trop souvent empruntés à un *modèle* ivrogne d'un vieillard vêtu de rouge et de bleu.

Quelque beauté, quelque noblesse que vous lui donniez, c'est un homme ; Dieu n'est pas un homme ni embelli ni grossi, c'est Dieu ; et nous ignorons sa forme et sa figure.

Admettons cependant un moment cette figure humaine; pourquoi Dieu, qui est éternel, est-il représenté comme un vieillard? la vieillesse est une des dernières étapes de la vie, sur le chemin de la mort; c'est une diminution; Dieu ne peut être ni jeune ni vieux : si on a l'audace de lui donner une forme et une figure, elle devrait être prise dans la splendeur et la puissance de la maturité.

Que signifient d'autre part ces costumes? où Dieu prend-il ces étoffes dont vous l'affublez? y a-t-il au ciel des magasins comme *le Louvre* ou les *Villes-de-France* ou *les Deux-Magots?*

C'est une inquiétude et un doute qui me sont venus souvent à propos des diverses « apparitions de la Vierge » qui ont eu lieu peut-être un peu souvent depuis quelques années : où la Vierge se

« munit-elle de » ces vêtements, de ces étoffes dont elle apparaît revêtue ? Pourquoi ne pas supposer aux êtres supérieurs et divins une beauté, un éclat, une splendeur personnelles, qui n'aient pas besoin, à l'exemple des pauvres humains, d'avoir recours à l'artifice et au mensonge des vêtements ?

L'imagination se plaît, du moins la mienne, quand elle veut par hasard se représenter des êtres divins, à leur prêter cet éclat, cette splendeur qui n'a besoin ni d'ornements, ni de déguisement, comme l'éclat et la splendeur que le Créateur a donnés à certaines créatures, comme les paons, les colibris, les papillons, les libellules, certains scarabées, et les fleurs !

Quelques lumières ont été apportées au sujet de la parure de la Vierge de la Salette ; un procès célèbre a dit dans quel magasin la Vierge qui avait apparu aux petits bergers avait acheté cette parure; mais ce même procès a dit d'autres choses qui font que je ne pense pas que cette apparition soit acceptée et prise au sérieux, même par ceux qui croient aux apparitions et qui les aiment.

J'ai bien aussi un autre doute sur le culte des reliques; il m'est difficile de concilier ce culte des restes humains avec le « mépris de la chair » professé par les chrétiens, — ce corps poussière qui doit redevenir poussière :

Pulvis es, et in pulverem reverteris!

ce vêtement, cette loque, cette guenille; mais enfin, je le répète; liberté à tous ! — Je vais même rappeler ici quelques-unes des reliques que nous possédons en France, et qui pourront donner lieu à des pèlerinages.

⁂

La France est riche en reliques.

Nous possédons : la tête de saint Jean, apportée en Aquitaine du temps de Pépin. (*Estat de l'É-glise.*)

Le pape Léon III envoya, vers DCCXCVI, au roi « Charlemaigne » les clefs de saint Pierre (Nauclerus.)

En MLXXXVI, les reliques de saint Nicolas furent données à la ville de Bar.

En MCLIX, la robe de Notre-Seigneur fut trouvée à Argenteuil, près Paris. (*Chronique de Sigebert.*)

Mais on soutient à *Trèves* que cette même robe est dans le chœur de l'église de Trèves, depuis l'an 327, et qu'elle fut donnée avec un clou de la croix à saint Agrice, archevêque de Trèves, par sainte Hélène, revenant de la terre sainte.

D'autres personnes certifient qu'elle est à *Thiers*, en Auvergne; d'autres l'ont vue à San-Salvador, en Espagne; d'autres, à Rome, à Saint-Jean de Latran. Nous reviendrons tout à l'heure sur cette relique, et nous ne désespérons pas de prouver que celle d'Argenteuil est la vraie robe, la seule robe.

Un duc de Saxe, en MCLIX, donna à un roi de France un peu du vrai sang de Jésus-Christ.

L'empereur Baudouin envoya à Paris, de Constantinople : « de la vraie croix, un pied de long », des cheveux de Jésus-Christ enfant, une des épines de la sainte couronne.

Une des côtes et quatre dents de saint Philippe, des drapeaux (couches) qui avaient servi à Jésus dans la crèche, et « un morceau du manteau d'escarlate dont on le couvrit par dérision lors de sa Passion. » (*Estat de l'Église.*)

Saint Louis dégagea à Venise la couronne d'épines engagée par Baudouin et l'apporta à Paris avec « l'éponge » et le fer de la lance. (Chronique d'Eusèbe.)

En M CCC XCVII, on fit enchâsser dans l'or à Paris un des « clous » de la croix.

Le duc Jean de Berry, qui fit tant de mal à la France pendant la démence de Charles VI, et qui pilla et ruina le Languedoc, prit à Saint-Denis une partie de la tête de saint Hilaire, et, en retour, donna aux moines de saint Denis une partie de la tête et un bras de saint Benoît.

« Le fer de la lance » que nous possédions déjà à Paris depuis le règne de saint Louis, fut envoyé au pape Innocent III par Bajazet II ; mais tout porte à croire que ce mécréant attrapa le pape « Innocent », et que c'était un faux fer de lance.

A Argenteuil, on possède des reliques de sainte Christine.

Mais c'est ici que nous revenons à la sainte robe, que l'on veut en vain disputer à l'église d'Argenteuil.

J'ai entre les mains un ouvrage publié en 1844 sous ce titre : *La sainte Robe de Notre-Seigneur Jésus-Christ.*

Je lui emprunterai ses arguments et je mettrai

entre guillemets, pour ne pas être soupçonné de plagiat, ce que je lui emprunterai textuellement.

« L'Éternel avait promis un Rédempteur à l'homme ; ce rédempteur daigna prendre la forme humaine : comme homme, il devait être vêtu ; donc, il a eu une robe.

» De cette robe, il est question dans l'Écriture : Elle était sans couture et fut tirée au sort.

» Ce serait faire injure à la Vierge Marie que de ne pas croire qu'elle faisait elle-même les vêtements de Dieu enfant ; une mère peut-elle ne pas habiller son fils, et quelle mère peut être comparée à Marie ? » (P. 131, textuel, comme tout ce qui est guillemetté.)

« Baronius non-seulement adopte le sentiment

que la sainte robe est l'ouvrage de Marie, mais encore il *prouve* qu'il n'y a rien de cela qui ne soit digne de la tendresse et de la piété de cette auguste mère ».

Voilà déjà plus de preuves qu'il n'en faut pour établir que l'église d'Argenteuil possède la robe de Jésus-Christ. Mais l'auteur ne s'en contente pas, quoiqu'il établisse dans la préface (page 6) que « cette relique, ne fût-elle pas tout à fait à l'abri d'une critique rigoureuse, la simple tradition, qui en atteste la vérité, suffirait pour nourrir la piété et contenter un cœur chrétien ».

L'auteur suit la sainte robe sans jamais la perdre de vue depuis la mort de Jésus-Christ jusqu'à nos jours.

Elle fut tirée au sort et gagnée par un soldat qui la vendit à Pilate, lequel s'en revêtit, pensant qu'elle lui porterait bonheur. Ce fait, attesté par plusieurs auteurs, n'est cependant pas garanti par mon auteur.

Mais il pense plutôt qu'elle fut achetée par quelque disciple du Christ, et il en donne une preuve ;

« Saint Grégoire de Tours dit qu'elle ne put rester longtemps entre les mains des infidèles. »

« On pourrait demander des autorités, des monuments, ajoute l'auteur ; mais les chrétiens des premiers siècles n'avaient pas le temps d'écrire (p. 61). » Il faut donc s'en passer et croire.

« La sainte robe fut, trois siècles plus tard, retrouvée par l'impératrice Hélène (sainte Hélène), en même temps que la vraie croix, et plusieurs vêtements ayant appartenu à la vierge Marie. (Le R. P. Jean Eudes.)

Saint Grégoire de Tours constate la présence de la robe de Jésus-Christ dans l'église des Saints-Archanges, d'une ville de Galatie.

Le cardinal Baronius rapporte le même fait, et donne pour preuve qu'il l'a lu dans saint Grégoire.

Et notre auteur l'a lu dans Baronius.

Voilà assez de preuves accumulées ; mais poursuivons.

« De la ville de Galatie, on la transporta dans la ville de *Zaffat*.

« Et là, un nommé *Simon*, juif, s'empare de la robe et la cache; il est pris de violentes coliques : il rend la robe, et les coliques le quittent. (*Chronique de Frédégaire.*)

« On reporte la sainte robe à Jérusalem, en 594.

« De Jérusalem, la sainte robe est emportée en Perse, par Chosroès II.

Mais Héraclius se la fit rendre avec le bois de la vraie croix, en 627, et l'emporta à Constantinople, d'où il la reporta lui-même à Jérusalem; puis il changea d'idée et la reporta à Constantinople (page 94), où « elle demeura tranquille un siècle et demi ».

Charlemagne avait une sœur appelée Gisèle et une fille appelée Théodrade, qu'il plaça dans l'abbaye d'Argenteuil.

A cette époque, l'impératrice Irène, qui rêvait d'épouser Charlemagne, lui envoya la sainte robe dans un coffre d'ivoire. Charlemagne en fit présent à sa fille.

Avec la sainte robe, Irène avait envoyé un des

clous de la croix et les reliques de sainte Christine.

Charlemagne donna le clou aux religieux de Saint-Denis.

Est-ce clair? Niera-t-on qu'il ait existé une impératrice Irène? Croit-on que Charlemagne et son règne soient une fable? Eh bien!...

Charles le Chauve donna une partie du clou et un morceau de la tunique à Alfred le Grand.

Comment Charles le Chauve aurait-il pu donner un morceau de la sainte robe, s'il n'y avait pas de sainte robe?

En 846, des pirates normands remontent la Seine; les religieuses d'Argenteuil s'enfuient, mais cachent la sainte robe dans une muraille.

Comment auraient-elles pu cacher la sainte robe s'il n'y avait pas de sainte robe?

La robe reste plusieurs siècles dans la muraille.

« En 1156, le Seigneur révèle à un religieux la cachette de la sainte robe. (Robert, abbé de Saint-Michel.)

« On remet la sainte robe dans l'église où elle fait de nombreux miracles *(fulgent miracula)*.

Nous ne la suivrons pas pendant les guerres de religion.

« Marie de Lorraine, duchesse de Guise, fit faire une riche châsse pour la sainte robe, et on lui en donna un morceau.

Plus tard « l'impiété, sœur de l'hérésie et mère de la philosophie », engendre la Révolution : un prêtre s'empare de la sainte robe et la cache, mais il en donne de nombreux fragments.

« Pour ce qui est des prétentions des autres villes, Trèves n'a que la robe de dessus; tandis qu'Argenteuil a la tunique, c'est-à-dire le vêtement que le Christ portait sur la peau et qui, par conséquent, est bien plus précieux. »

D'ailleurs, puisque la sainte robe est à Argenteuil, elle ne peut être à Trèves; est-ce clair? Et, si l'on était méchant, « on pourrait prouver que le vêtement de Trèves n'est qu'une tunique de saint Jacques, apôtre, » (Page 318.)

Je dois m'arrêter ici et négliger vingt autres preuves aussi concluantes.

⁂

La nature a une voix assez éloquente pour inspirer à l'homme des sentiments de morale et de respect pour le souverain créateur; que les esprit enfants et béjaunes qui ont besoin d'images lui donnent une forme; libre à eux; pourvu qu'ils n'empêchent pas les autres de lui donner une autre forme, ou de ne lui en pas donner du tout.

Toute façon d'honorer l'Être suprême, fût-elle mêlée de superstition, de fables, de puérilités, est bonne et doit être respectée; à moins qu'elle ne devienne tyrannique et ne prétende s'imposer par la force, la persécution, les supplices ou les avanies.

Mais, comme personne ne se contente de sa liberté, et veut manger un peu de celle des autres, il est nécessaire que la loi intervienne, et fasse respecter non-seulement telle ou telle religion, tel ou tel culte, mais tout culte non encombrant.

Je serais donc fortement d'avis que le ministère

public poursuivît d'office, pour insulte et attentat à un culte reconnu par l'État (les cultes n'ont pas besoin d'être reconnus par l'État : un culte peut être excellent sans être reconnu par ledit État, qui se mêle de beaucoup de choses qui ne le regardent pas, mais c'est la formule !), des gens, assez nombreux en ce moment, qui tournent en ridicule et en dérision, non-seulement à huis clos et dans l'intimité, mais en public, quelques-unes des croyances, quelques-uns des dogmes de la religion catholique; libre à ces gens de ne pas accepter ces dogmes et ces croyances, mais il ne doit pas leur être permis de les discréditer et de les ridiculiser.

Je veux parler de l'abus que l'on fait en ce moment de la Vierge, mère du Christ, des comédies, des parades dans lesquelles on lui fait jouer un rôle, des miracles d'escamoteur maladroit, et des discours grotesques qu'on lui prête.

Le culte extérieur et bruyant de la Vierge est une invention moderne et je dirai même contemporaine; longtemps on se la représentait calme, paisible, silencieuse, modeste, dans un coin du ciel, et cette image était beaucoup plus poétique que celle que ces imprudents prosélytes nous retracent aujourd'hui. Je ne veux pas chercher la place qu'elle tenait dans les rêves des moines, comme le Christ dans ceux des nonnes, exemple sainte Thérèse; il semble qu'on veuille aujourd'hui préparer la succession ou la déchéance de Dieu, et la régence ou le règne de la Vierge; le pape a commencé par la déclaration de l'immaculée conception; d'autres continuent; mais il me semble qu'on s'y prend si maladroitement, que je persiste dans mon conseil aux procureurs de la République, de poursuivre comme attentant à un culte reconnu par l'État, ceux qui imaginent les momeries de la Salette, de Lourdes, de Mont-Main, de Laghetto, de Lorette et de cent autres lieux. A chaque instant, la Vierge apparaît quelque part, pour tenir des discours aussi peu conformes au bon sens qu'à la grammaire; elle comptera bientôt plus d'incarnations que Wishnou, et, en la voyant toujours hors du ciel pour servir indûment de « compère » et de pitre aux liquoristes qui l'exploitent, on se rappelle involontairement madame Benoîton, qui est toujours sortie.

Quelques personnes de ce culte peu convenable font une provocation et exécutent des pèlerinages annoncés d'avance, où vont par centaines des gens d'un certain monde et d'une certaine éducation, qui font semblant de croire à ces bourdes qu'ils inventent.

Je ne sais quelle est la sage petite république antique où il était défendu de parler des dieux, parce que, n'ayant que des impressions, des conjectures, des hypothèses, des rêveries, l'homme ne peut guère dire à ce sujet que des sottises; et l'aréopage avait déclaré Dieu incompréhensible à la faiblesse de l'esprit humain.

Résumons. Au nom de la morale et du bon sens, au nom du respect dû à la religion, au nom de cette sympathique et poétique image de la Vierge, mère des douleurs et consolatrice des affligés, j'adjure l'autorité de réprimer les excès et des marchands d'eau et des liquoristes qui l'exploitent et la déshonorent, en lui prêtant des miracles imbéciles et des discours effrontément ridicules.

En même temps, on fera bien de surveiller aussi ceux qui font semblant de croire avec bruit à ces billevesées, parce qu'il leur semble que c'est bien porté, que c'est un ridicule comme il faut, une niaiserie aristocratique, et que c'est plus facile d'entrer dans l'aristocratie par ces simagrées que par la naissance, par la bravoure, par le génie, par les services rendus au pays.

Je signale donc au ministère public toutes ces vierges en rupture de ciel, dont une seule jusqu'ici a été reprise de justice et qui rappellent plus Zéphirine des *Saltimbanques* que la douce Marie, dont le nom, formé des lettres du mot aimer, était, avant cette indécente exploitation, un symbole de pureté, de modestie, de résignation.

La dernière apparition est « la vierge de Villé », qui, comme de coutume, a apparu d'abord à deux enfants, plagiat de mademoiselle de la Merlière.

Mais ensuite à une religieuse et à un curé qui affirme qu'elle était « couronnée d'étoiles ».

Or, comme les étoiles sont des soleils, centres de mondes infinis, qu'il n'y a aucune raison de les supposer d'un moindre volume que le soleil qui nous éclaire, c'est-à-dire un million trois cent mille fois le volume de la terre, cela représente un diadème d'une certaine dimension et d'un certain poids, ce qui nuit à la vraisemblance du récit en faisant dire : « Elle n'était peut-être pas couronnée d'étoiles. »

Il n'est que temps — est-il encore temps ? — de sauver le culte de Marie; le pape lui a porté les premiers coups; les gens dévots, les prêtres liquoristes, les nonnes confiseuses, les saltimbanques et les escamoteurs ne tarderont pas à l'achever.

Abandonnez, si vous voulez, les croyances des siècles qui vous précédent; mais laissez-les s'endormir comme les autres mythologies dans une ombre et une nuit poétique, et ne les déshonorez pas par des lazzis, des farces et des parades dignes de Bobêche et de Galimafré.

★
★ ★

Le cardinal de Polignac, s'entretenant un jour

avec Fontenelle, témoignait quelque mauvaise humeur de l'excès de zèle qui occupait le public de prétendus miracles.

— Je voudrais, disait-il, qu'on ne parlât de miracles qu'avec l'autorisation des chefs de l'Église, qui ne la donneraient qu'à des miracles bien constatés.

— Vraiment, monseigneur, dit Fontenelle, est-ce qu'il y a de vrais miracles modernes?

Je fais personnellement très-peu de cas des miracles; il faut que les hommes soient bien bêtes pour accorder plus d'admiration à une interruption ou à une dérogation momentanée des lois de la nature qu'à ces lois elles-mêmes.

Ainsi, qu'est-ce que changer l'eau en vin? une opération qui, après tout, peut se faire par un escamotage que Robert Houdin ou de Caston dédaigneraient comme vulgaire, et qu'ils laissent aux marchands de vins, qui ne s'en acquittent que trop bien.

Mais qu'une des semences renfermées dans un grain de raisin contienne non-seulement une vigne et des grappes de raisin innombrables, mais encore et à toujours des multitudes engendrant d'autres multitudes d'autres vignes avec leur bois, leur pampre, leur feuillage et leurs vendanges, et des fleuves de vin; cela est, ce me semble, un bien autre miracle et un prodige qui prouve jusqu'à l'évidence l'existence et la toute-puissance d'un être suprême.

La naissance, la végétation du moindre brin d'herbe; la naissance, la transformation et la mort du plus petit insecte, touchent ma raison et mon cœur, que laissent froid tous les prétendus miracles de toutes les religions et de toutes les mythologies.

Il n'est pas une goutte d'eau qui ne révèle et ne proclame un créateur souverain.

Des miracles! des objets de méditation, de contemplation, d'admiration, nous en avons à droite, à gauche, devant nous, derrière nous, sur la tête, sous les pieds; nous ne pouvons faire un pas sans fouler, sans écraser un prodige mille fois plus grand, plus admirable, plus propre à élever nos regards et notre cœur vers Dieu que les billevesées ridicules, les parades imbéciles, les fantasmagories insolentes que des pitres et des marchands du Temple osent non-seulement offrir à la crédulité avide, bête et gloutonne des esprits béjaunes ou abrutis, mais encore imposer aux esprits plus éclairés qui voient Dieu dans ses œuvres et refusent de le reconnaître dans les escobarderies ridicules, dans les mensonges impies, dans les escamotages audacieux de ces ennemis irréconciliables de la religion, qui la perdent en voulant l'exploiter à leur profit, comme les pseudo-républicains font de la république.

Voici qu'on annonce hardiment un nouveau miracle à la Salette, après que mademoiselle de la Merlière a été convaincue devant un tribunal d'avoir insolemment et follement joué le rôle de la Vierge, qui avait apparu aux deux pauvres enfants. Le garçon, Maximin de la Salette, vend, à vingt-cinq centimes le petit verre, une liqueur de table, une concurrence à la chartreuse, à la bénédictine, à la trappistine ; il paraît que les pèlerins trouvaient un peu fade l'eau provenant de la source née sous les jupes de mademoiselle de la

Merlière. Cette liqueur n'a pas encore de nom, on a reculé devant *sale-ettine*.

Quant à la fille, ces jours derniers, un docteur voisin écrivait, dans un journal, qu'il soigne dans sa maison de santé une femme qui a joué le principal rôle dans ce miracle. Est-ce mademoiselle de la Merlière ? est-ce la bergère qui avait fini, a-t-on dit, par s'en aller avec un Anglais ?

Cette obstination dans les miracles si grossièrement exécutés, n'est-elle pas ce qu'on peut faire de pis pour atténuer ou détruire la croyance aux miracles d'une autre époque, et ne porte-t-elle pas à dire comme ce cardinal qui, voyant canoniser ou du moins béatifier un personnage sur lequel il avait des renseignements très-particuliers, s'écria :

— Ces nouveaux saints me font bien douter des

anciens (*Questi nuovi santi mi fanno dubitare molto degli antichi*).

Est-il bien sage d'égayer ainsi l'Évangile de pasquinades et de parades exécutées par des histrions et des pitres de bas étage?

Peut-on nous demander du respect pour tous ces ordres moins religieux que liquoristes, qui ne discutent plus entre eux sur des points de foi et de doctrine, mais sur la valeur des boissons fermentées qu'ils vendent très-cher au public?

Le *travail du bénédictin*, autrefois proverbial, consiste aujourd'hui à rédiger des prospectus et à mettre des alcools en bouteille; les austérités des chartreux et des trappistes sont remplacées par la fabrication d'une liqueur de table, et « Frères, il faut mourir », par « Frères, il faut boire. »

Les cabarets et les brasseries sont pour une bonne part dans la démoralisation du peuple en France, dans son abêtissement ; car, contrairement à l'idée acceptée, c'est à force de boire qu'on y devient enragé.

Eh bien, les serviteurs de Dieu, les anachorètes les plus ascétiques qui devraient prêcher contre ce fléau et ce vice, et employer tous les moyens dont ils disposent pour en détourner la classe ouvrière, sollicitent la *pratique* de ces établissements et contribuent à augmenter le nombre des boissons enivrantes, stupéfiantes, abrutissantes qu'on y débite.

Avez-vous le temps, ô pieux distillateurs, de lire la Bible ? je vais vous abréger cette façon platonique de cultiver la vigne du Seigneur, comme disait « amour platonique » une mère d'actrice, en reprochant à sa fille d'avoir un amant qui ne lui donnait pas d'argent.

Ouvrez le prophète Isaïe, chap. v, 11.

« Malheur à ceux qui se lèvent de bon matin pour boire et s'enivrer ! »

« Malheur à ceux qui sont puissants à boire le vin et à entonner la cervoise (bière) ! »

Et chap. LVI, 11 : « Ce sont des pasteurs sans intelligence, ils se sont détournés pour suivre leur avarice. »

Et 12 : « Venez, je vendrai du vin et de la cervoise. »

Et Jérémie (une parenthèse pour dire que Jérémie est l'inventeur d'une expression que l'on croit moderne) chap. II, 23 : il appelle Jérusalem *chameau !*

Lamentation, III, 15 : « Il m'a enivré d'absynthe (*inebriavit me absynthio*). »

Et Joël, I, 5 : « Ivrognes, réveillez-vous et pleurez ; vous tous qui aimez le vin, hurlez à cause de la vendange. »

Et Michée, II, 11 : « Et un homme viendra qui prophétisera du vin et de la cervoise. »

Et saint Jean (*Apocalypse*), XIV, 19 : « On vendangea la vigne. »

Et 19 : « Et l'ange jeta la vendange dans la grande cuve de la colère de Dieu. »

Et 20 : « Et il sortit de la cuve du sang qui allait jusqu'au frein des chevaux. »

Et VIII, 10 : « Et il tomba du ciel une grande étoile. »

Et 11 : « Et le nom de cette étoile était *Absynthe*. Et la troisième partie des eaux fut changée en absynthe, et elles firent mourir un grand nombre d'hommes. »

⋆
⋆ ⋆

Est-ce qu'on ne comprendra jamais en France qu'il faut être libre chez soi, et ne pas aller chez les autres se mêler de leurs affaires et gêner leur liberté..

Que vont faire ces missionnaires dans ces pays, berceaux de la civilisation humaine; la Chine, la Perse, etc..; chez des peuples qui étaient des hommes faits et civilisés, quand nous étions de jeunes sauvages, des peuples qui ont eu si longtemps avant l'ère chrétienne des législateurs comme *Koung-fou-tsèu* (Confucius) et *Zerdutz* (Zoroastre), six ou sept siècles avant l'ère chrétienne ?

Ils vont leur dire : Il y a six mille ans que vous vous trompez et que vous ne savez ni ce que vous croyez, ni ce que vous dites ; nous seuls voyons, nous seuls savons ; laissez de côté vos lois, vos dieux, vos croyances, renoncez à une religion à laquelle les religions modernes ont emprunté presque tous leurs dogmes, leurs mystères et leurs cérémonies ; confessez-nous vos péchés et adorez le *Sacré-Cœur*, l'as de cœur, — avec MM. de Lorgeril, de Belcastel, etc.

Que diraient nos prêtres français, que dirait M. Dupanloup, s'il arrivait à Paris des prêtres persans, *guèbres*, *mages* ou *parsis*, qui loueraient un bazar et entreprendraient de convertir les Parisiens au culte de *Zervane-Akerène*, d'*Ormuzd* et d'*Ahrimane;* remplaceraient la Bible par le *Zendavestà* (la parole vivante); l'Évangile par le *Sirousé*, le *Vispered*, et le *Boundehech;* qui appelleraient à eux nos pétroleurs et nos pétroleuses et leur prêcheraient « le culte du feu », l'adoration de *Mithra* « au bonnet phrygien », avec ce précepte si respecté par les anciens *parsis*, que ce qui brûle ne doit pas être éteint, parce que ce serait un manque de respect à l'égard du feu et un sacrilége.

Il y a longtemps déjà que les jésuites, missionnaires en Chine, prétendent que les Chinois noient leurs enfants et les donnent à manger aux pourceaux.

Ce mensonge odieux et ridicule s'est rapidement propagé dans les classes ignorantes, et parmi les personnes ignorantes qui font partie des classes où on est censé ne l'être point.

Et alors on a créé diverses institutions ayant pour but d'amasser de l'argent pour racheter les petits Chinois que leurs parents aiment encore mieux vendre, dit-on, que de les noyer ou de les donner aux pourceaux.

Il y a une œuvre appelée « l'œuvre du *sou* », pour le rachat des petits Chinois; tous les affiliés et toutes les affiliées — on s'adresse surtout aux enfants, — doivent donner un sou par jour, ou par semaine, ou par mois selon la classe; ce sou finit par former d'assez grosses sommes.

Il y a quatre ou cinq ans, on greffa sur « l'œuvre du sou » « l'œuvre des timbres-poste »; on voyait les femmes, les enfants, amasser des timbres-poste oblitérés, les demander à tout le monde avec instance. On croyait d'abord que c'était pour faire un de ces albums de timbres qui furent un moment très à la mode; mais, en questionnant, on apprenait que ces timbres avaient pour but le rachat des petits Chinois. Il y avait baisse sur le prix des petits Chinois; quand on avait réuni mille timbres, on avait la rançon d'un petit Chinois.

Dans les villes et dans les villages, on avait un délégué auquel on confiait ses timbres et qui les faisait parvenir au siége de l'œuvre.

Je priai alors un journal dont j'ai oublié le titre, de me donner l'hospitalité pour adresser quelques questions au directeur de « l'œuvre des timbres-poste pour le rachat des petits Chinois ».

Je commençai par donner un démenti formel à

la calomnie qui servait de prétexte à l'œuvre : j'avais des renseignements positifs donnés par des amis marins qui avaient séjourné en Chine; puis je demandai comment mille timbres-poste oblitérés, c'est-à-dire n'ayant aucune valeur, pouvaient racheter un petit Chinois.

Les révérends pères avaient-ils trouvé un secret pour détruire l'oblitération des timbres et les revendaient ils comme timbres neufs? ce serait une fraude punie par la loi; mais l'Église a justifié par le but tant de choses pires que celle-là!

Je n'obtins pas de réponse, pas plus que je n'en ai obtenu plus tard des Pères de la Salette.

Je dus répondre moi-même à ma question, et voici ce que je me répondis :

Nous avons tous mis en thème au lycée la fameuse histoire de la soupe au caillou.

Des moines mendiants, mal accueillis dans une ferme, annoncent qu'ils ne demandent qu'une place au feu et une marmite.

Ils iront puiser de l'eau au puits, et, grâce à l'intervention de leur saint patron, ils auront une soupe excellente en faisant cuire un caillou dans cette eau.

Une grande curiosité est excitée.

Ils choisissent un caillou entre plusieurs, le lavent soigneusement et le mettent dans l'eau chaude; au bout de quelque temps, ils goûtent le potage, n'en paraissent pas tout à fait satisfaits, et demandent un peu de sel, puis du poivre, puis un peu de lard et de jambon, et la soupe est faite au caillou.

L'œuvre des timbres-poste me paraît ressembler à la soupe au caillou; on affiliait subsidiairement à l'œuvre du sou les membres de l'œuvre des timbres. De plus, on retirait de l'invention un autre avantage : on enrégimentait ainsi un très-grand nombre de femmes et d'enfants, de petites filles surtout, que ça amusait de rassembler les timbres; on les entretenait dans les bons principes de la soumission à l'Église; dans l'occasion, on les tenait sous la main pour toute autre œuvre; c'était une armée disciplinée, façonnée à la crédulité, à l'obéissance, que l'on conservait et conduisait au confessionnal, et au moyen de laquelle on avait l'œil, le pied et la main dans les familles.

Je développai de mon mieux cette solution probable, j'expliquai aux parents :

1° Qu'il n'est pas vrai que les parents chinois aient une semblable cruauté à l'égard de leurs petits;

2° Qu'il ne manque pas en France d'enfants abandonnés qu'on pourrait secourir avec plus de sécurité, quant à l'emploi de l'argent;

3° Que, depuis qu'une prétendue philanthropie bête et féroce a supprimé *les tours* qui permettaient à de pauvres filles abusées de cacher leur déshonneur, on ne met plus autant de petits êtres nouveau-nés, aux Enfants-Trouvés, mais beaucoup plus dans les latrines.

Voici qu'aujourd'hui le peuple chinois, par la voix de ses ambassadeurs et de ses ministres, vient prier le gouvernement français de le délivrer des missionnaires, qui mettent beaucoup de trouble dans l'État, divisent des familles, enlèvent des enfants, baptisent des gens malgré eux, ou les persuadent à prix d'argent ou par des terreurs de se faire baptiser; ce qui excite contre les Français une haine qui s'est traduite plus d'une fois par des mouvements populaires et des assassinats. Helvétius raconte qu'un supérieur de jésuites lui dit un jour : « Nous faisons quelques élèves pour le martyre. »

Jusqu'ici, le gouvernement français a paru se faire un devoir de protéger les missionnaires français de Chine et s'est exposé à des embarras et a exercé des représailles sanglantes.

Je voudrais savoir pourquoi.

Il me semble qu'une grande partie du peuple français, grâce aux excès de l'Église, n'est guère plus catholique aujourd'hui que les Chinois, et que les missionnaires convertisseurs pourraient, comme les affiliés à l'œuvre du sou et à l'œuvre des timbres, trouver de l'ouvrage en France, sans aller en Chine.

Quel intérêt avons-nous à ce que nos antipodes prient Dieu en latin, se confessent, communient et adoptent les dogmes de l'Église catholique, y compris, sans doute, celui de l'infaillibilité?

De quel droit des missionnaires vont-ils attaquer, chez eux, les Chinois, dans leurs croyances, dans leur religion et mettre le trouble dans ce vaste pays?

Que diraient-ils si des Chinois venaient en France professer leur religion et faire des prosélytes, comme ils prétendent eux en faire au christianisme, et vouloir nous obliger à croire leurs fables et leurs dogmes, qui ont précédé de trois mille ans le christianisme, mais dont les lettrés ne s'occupent plus depuis deux mille ans.

S'ils vous forçaient de croire à trois vierges

mères par exemple : *Hoa, la fleur attendue*, qui conçut *Fo-hi* des caresses d'un arc-en-ciel, et resta vierge, *Niuva* qui obtint par ses prières d'être mère et vierge, et eut un fils d'un cactus rouge, de même que *Nyong-tong* qui conçut *Ching-nong* en se promenant seule parmi les fleurs.

Mais admirons aussi quelle insolente et sotte présomption d'aller *instruire* ce peuple, dont la civilisation — au calcul le plus modéré — remonte à deux mille six cents ans avant l'ère chrétienne, et dont les livres présentent les documents les plus anciens de l'histoire du monde, et des préceptes de morale que l'Évangile des chrétiens n'a émis qu'après les Chinois, les Indiens, les Égyptiens, les Grecs et les Romains, ces deux derniers, comme les Juifs, ayant tout tiré de l'Égypte.

Et que prétendez-vous leur enseigner, ô disciples d'Ignace et d'Escobar?

C'est onze cents ans avant l'ère chrétienne que l'empereur Chinois Tching disait : « *Aimez-vous les uns les autres*[1]. »

C'est six cents ans avant Jésus-Christ que Khoung-fou-tseu (que les premiers missionnaires ont appelé Confucius) disait : « Le gouvernement est ce qui est juste et droit. »

« Ne soyez pas dur pour les faibles, et ne soyez pas faible vis-à-vis des riches et des puissants. »

« Perds l'affection des peuples et tu perdras l'empire. »

« Le sage, s'il est pauvre, trouve du contentement dans sa pauvreté, et, s'il est riche, ne s'enorgueillit point de ses richesses. »

1. *Le Chou-king*, livre sacré.

« L'homme supérieur est celui qui d'abord met ses paroles en pratique, et ensuite parle conformément à ses actions. »

« Quand vous voyez un sage, réfléchissez si vous avez ses vertus ; un pervers, si vous n'auriez pas ses vices. »

« Aux richesses et aux honneurs il faut renoncer, si vous ne pouvez les obtenir honnêtement ; il faut rester dans la pauvreté, si on n'en peut sortir par des voies droites. »

« Ma doctrine consiste uniquement à avoir la droiture de cœur et à aimer son prochain comme soi-même. »

« L'homme supérieur fixe ses pensées sur la vertu, l'homme vulgaire les attache à la terre. »

« Dans ma jeunesse, j'écoutais les paroles des

hommes et je croyais qu'ils s'y conformaient dans leurs actions ; maintenant, j'écoute encore les paroles, mais j'examine les actions. »

« Ce que je ne désire pas que les hommes me fassent, je désire également ne pas le faire aux autres hommes. »

« Se nourrir d'un peu de riz, boire de l'eau, n'avoir que son bras courbé pour appuyer sa tête, est un état qui a aussi sa satisfaction. »

« Quand je voyage à trois, j'ai deux instituteurs : un de mes compagnons pour l'imiter, l'autre pour me corriger. »

« Un grand ministre sert le prince selon les principes de la droiture et de la raison, et non selon les désirs du prince, ou il se retire. »

« Si le peuple chinois n'a pas de quoi manger, le prince ne doit pas manger. »

« La vertu aime les hommes, la science les connaît. »

« Je rougis de la crainte que mes paroles ne dépassent mes actions. »

« Les sages fuient le monde. »

« Ceux qui suivent les sages fuient les plaisirs. »

« Ceux qui viennent après fuient les paroles trompeuses. »

« Ceux qui ont agi ainsi sont au nombre de sept. »

« Soyez sévère envers vous-mêmes et indulgent envers les autres. »

« Si la foule déteste quelqu'un, examinez avant de juger, — également quand elle s'engoue. »

« Celui qui soumet les hommes par les armes ne subjugue pas les cœurs ; mais par la vertu on réjouit les âmes qui se livrent d'elles-mêmes. »

« Un grand défaut est d'abandonner son champ pour ôter l'ivraie de ceux des autres. »

Répondez : que comptez-vous enseigner à ces gens-là ? Le dogme.

Par exemple :

« Il y a trois hypostases dans la Trinité.

» Une seule et même substance du Père, du Fils et du Saint-Esprit en trois hypostases. Jésus-Christ est un Dieu portant la chair et non un homme portant la divinité. Anathème à ceux qui disent que le Fils était en puissance dans le Père avant d'être engendré. » (Concile d'Illyrie, 1575.)

Ou encore :

« La nature divine est une et consubstantielle en trois personnes; le verbe de Dieu a deux naissances : l'une spirituelle, par laquelle il est né du Père avant tous les siècles; l'autre, corporelle par laquelle il est né de Marie. Deux natures en une seule personne, sans diminution, sans confusion. L'adoration que l'on rend à Jésus-Christ est une et indivisible, parce que nous n'adorons pas Jésus-Christ en deux natures, ce qui serait deux adorations que l'on ferait séparément au Verbe et à l'homme.

« Nous adorons, par une seule adoration, le verbe de Dieu incarné avec sa propre chair. » (Concile général de Constantinople, 553.)

Laissez-les donc tranquilles et restez chez vous.

On a dit et répété depuis quelque temps que les malheurs de la France devaient être attribués à son défaut de religion et on a proposé de consacrer la France à la Vierge, je crois, ce qui a déjà été fait autrefois.

Cette cause des malheurs de la nation peut être réelle, si on entend, par religion, la morale, la probité, la charité, la tempérance, la conscience, ne pas faire à autrui ce qu'on ne veut pas qu'il nous fasse, faire à autrui ce que nous voudrions qu'il nous fît.

Mais c'est une billevesée si on entend, par religion, la croyance ou la soumission à certaines légendes, à certaines fables, à certains dogmes, tels que : l'immaculée conception, la présence réelle, la consubstantialité, la transsubstantiation, l'infaillibilité du pape, etc., etc.

Et c'est là ce que les prêtres, en général, appellent la religion.

Un exemple :

Après la mort de Louis XIII, la reine Anne d'Autriche, régente de France, confia d'abord l'administration des affaires à Potier, évêque de Beauvais, son confesseur.

« Ce prélat, homme de bien, dit un historien, se mit dans la tête que la France devait n'avoir que des alliés catholiques, si elle voulait que Dieu fît prospérer ses affaires.

» Dans la première audience qu'il donna aux ambassadeurs des Provinces-Unies, il leur proposa pour article préliminaire du renouvellement d'alliance, que les Hollandais crussent à la transsubstantiation. »

On sait l'histoire de ce pèlerin qui, ayant fait vœu d'aller à pied je ne sais où, avec des pois dans ses souliers, imagina d'adoucir beaucoup cette austérité ou plutôt la supprima, en faisant cuire les pois, à la fin de la première journée de marche.

C'est dans le même ordre d'idées qu'on a imaginé la fête de la Mi-Carême, un jour de folie coupant en deux la pénitence destinée à expier cette même folie.

Je crois que cet usage, s'arrêter au milieu de la pénitence, pour renouveler sa provision de péchés à expier, est une importation française à Nice. Toujours est-il que le clergé niçois voyait de mauvais œil les préparatifs de cette fête. On essaya de toutes les influences pour l'empêcher, mais on échoua complétement.

Alors, on prit un grand parti : on fit sortir saint Alexandre, mais clandestinement et la nuit, m'a-t-on assuré.

Quel est ce saint Alexandre ? Aucun des huit papes qui ont porté le nom d'Alexandre ne figure au calendrier, pas même Alexandre II, qui donna à Guillaume le Bâtard, duc de Normandie, lorsqu'il partit de Saint-Valéry en Caux, pour la conquête de l'Angleterre, un étendard bénit, une bulle d'excommunication contre quiconque s'opposerait à son entreprise, et un cheveu de saint Pierre; pas même Alexandre IV, qui, à la prière de saint Louis, envoya des inquisiteurs en France; pas même Alexandre III, qui eut la gloire de mettre, à Venise, son pied sur le col de l'empereur Frédéric Barberousse.

Quant à Alexandre VI, on sait qu'un historien

ecclésiastique, prenant en considération ses crimes, ses assassinats, ses empoisonnements, ses incestes, a dit de lui : « Ce pape ne fut pas tout à fait saint (*non adeò sanctus*).

Il y a quatre saints Alexandre, dont un Russe, le plus probable serait Alexandre Sauli, évêque corse.

Je crois bien qu'on m'a montré ce saint Alexandre, lors de mon arrivée à Nice, dans une sorte d'armoire, sous le maître-autel de l'église Sainte-Réparate.

Il préside à la pluie, comme saint Médard, qui n'occupe qu'une demi-place au calendrier, où il est fêté le 8 juin, avec saint Godard.

Le grand crédit que saint Médard exerça auprès des rois Chilpéric Ier et Clotaire Ier fit probablement dire de lui qu'il « faisait la pluie et le beau temps »; de là, ses fonctions aujourd'hui.

Je ne sais pourquoi, tandis que la plupart des saints jouissent au ciel d'une heureuse et éternelle oisiveté, il en est quelques-uns auxquels l'opinion publique prête des fonctions et des corvées sur la terre.

Il n'y a rien dans la nature, dit Charron, qui n'ait été déifié.

Il n'y avait, chez les Romains, aucune circonstance de la vie qui n'eût son dieu pour y présider.

Le ciel, dit Pline, sera bientôt plus peuplé que la terre.

« De ces dieux, dit Montaigne, il en faut cinq ou six à produire un épi de blé. »

Les hommes aimaient tant le nombre des dieux, dit saint Augustin [1], qu'ils ne se contentaient pas

1. Seges ab initiis herbidis, usque ad aristas, ut Proserpinam,

de la déesse Segetia, pour protéger le grain de blé, depuis sa sortie de terre jusqu'à la moisson. — Ils en avaient six ou sept dont chacun avait à s'occuper d'une des phases de la vie de l'épi.

Trois divinités présidaient à une porte : une aux gonds, une au seuil, une à l'ais, etc. Il n'y a qu'une sottise, dit Cicéron, que les hommes n'aient pas inventée, c'est de manger leurs dieux, ou d'appeler dieux ce qu'ils mangent [1].

Les religions changent, mais la superstition et la bêtise humaines sont immortelles. Les chrétiens superstitieux, ennuyés de n'avoir qu'un Dieu, en trois personnes, il est vrai, ont imaginé le culte des saints, sorte de *dii minores*, et des reliques, et

---

Nodatum, Volutinam, Patelenam, Hostilinam, Floram, Lacturciam, Maturam, Rucinam, etc.

1. Nullum tam amentem qui illud quo vescatur Deum esse credat (*De Natura deorum*).

se sont montrés à leur tour païens et idolâtres autant qu'ils l'ont pu.

Ils ont fait autant de divinités et de vierges différentes qu'il a été consacré de temples et d'autels à la vierge Marie. Telle personne a un culte particulier pour la vierge de Lorette, qui est froide à celle du Laghetto, et tout à fait incrédule à celle de la Salette.

J'ai entendu, il y a peu de temps, une bien charmante cliente, adresser des vœux et des prières à saint Antoine de Padoue, pour qu'il lui fît retrouver un bijou perdu, et le bijou fut retrouvé. Tout le monde sait que saint Antoine de Padoue se charge volontiers de cette fonction.

Saint Crépin est le patron des cordonniers et sainte Barbe est la patronne des artilleurs, saint

Hubert guérit de la rage; saint Marcou, des écrouelles; saint Genou, de la goutte.

Louis XI bâtit une chapelle à Liége à saint Gervais, qui préserve de la mort; et Ménage dit que de son temps les femmes faisaient des neuvaines à saint Rabonni pour rabonnir leurs maris.

Nous n'avons donc rien à envier aux Romains.

Hérodote raconte que les Cauniens, surchargés du nombre excessif de divinités, dont le culte les fatiguait et les ruinait, firent une célèbre chasse où ils battirent l'air de leurs javelots, poursuivirent ces dieux importuns et parasites, jusque sur leurs frontières pour les obliger à déguerpir de leur pays.

Toujours est-il que le jour de la Mi-Carême, à Nice, l'opinion publique est qu'on fit sortir saint

Alexandre, et il a plu toute la journée, de sorte que de grands préparatifs faits pour la fête ont été perdus, les costumes gâtés, et qu'on tousse beaucoup à Nice aujourd'hui.

Peut-être pourrait-on dire à saint Alexandre qu'il eût mieux fait de réserver son influence et son pouvoir pour cet été, où les Alpes-Maritimes demanderont de la pluie avec tant d'instances, et le trouveront peut-être sourd ou impuissant comme il l'a été l'année dernière.

S'il y avait une religion qui dût être à l'abri du culte superstitieux des reliques, c'était la religion chrétienne, qui professe un si grand mépris pour le corps et pour la chair; qui les traite de guenilles, de prison, et rappelle sans cesse que nous sommes fange et poussière, et redeviendrons fange et poussière.

Pulvis es et in pulverem reverteris.

L'annonce de l'exhibition du saint clou me rappelle une autre relique. — La sainte robe dont j'ai déjà parlé, mais sur laquelle j'ai de nouveaux détails.

A Argenteuil, près de Paris, ai-je dit, on montre encore aux fidèles un coffre dans lequel est, sous le nom de « la sainte robe », la tunique sans couture que Marie tissa pour son fils enfant. Jésus-Christ n'en porta jamais d'autre, dit l'auteur d'un ouvrage assez volumineux sur ce sujet, la tunique s'allongea et s'élargit en même temps qu'il grandit. Cela rappelle un peu les bottes de l'ogre du petit Poucet, lesquelles bottes, dit Perrault, étaient fées et s'accommodaient aux jambes de celui qui les chaussait. C'est cette robe sans couture que les soldats tirèrent au sort. Non-seulement, dit

M. Guérin, rédacteur en chef du *Mémorial catholique*, cette robe grandissait avec le Christ, mais elle ne s'usa pas pendant les trente-trois ans de sa vie. » Et il donne pour exemple et pour preuve que les habits des Hébreux ne s'usèrent pas non plus pendant les quarante années qu'ils restèrent au désert.

Rien n'est plus étrange que les preuves que fournissent les bénédictins d'Argenteuil, que cette robe est bien la même que celle que porta Jésus depuis sa naissance jusqu'à sa mort.

La sainte robe a été faite par la mère de Dieu ; preuves déjà données : *Une mère peut-elle ne pas habiller son fils, et n'est-elle pas heureuse de travailler elle-même à ses vêtements ? et quelle mère peut être comparée à Marie ?* Donc, il est prouvé que la Vierge a tissé la robe qui est dans l'église d'Argenteuil.

La robe tirée au sort fut gagnée par un soldat; les bénédictins d'Argenteuil avouent qu'on ne sait absolument pas ce qu'elle est devenue depuis la mort du Rédempteur, pendant cinq siècles; mais, disent-ils, « la croix ne fut-elle pas ignorée pendant trois siècles, jusqu'au temps ou l'impératrice Hélène la découvrit? ne fut-on pas aussi plusieurs siècles avant de retrouver les divers vêtements de Marie, mère du Christ, dont plusieurs églises revendiquent le bonheur d'en posséder quelqu'un? Nous n'avons pas de preuves, ajoute M. Guérin, pas d'autorités, pas de monuments; mais comment en fournir? et, d'ailleurs, à quoi bon des preuves? l'incrédulité les contesterait. »

Mais, au vi⁰ siècle, Grégoire de Tours nous

apprend que la sainte robe est retrouvée et qu'elle est dans l'église des Saints-Anges en Galatie, à cinquante lieues de Constantinople.

Puis la tunique disparaît encore pendant près d'un siècle; on la retrouve à Zaphat, cachée par un juif appelé Siméon, qui fut pris de violentes douleurs, qui ne se calmèrent que lorsqu'il eut rendu la précieuse relique enfermée dans un coffre de marbre. On porta alors la sainte robe à Jérusalem, dans le lieu même où on conservait la croix; car, selon Nicéphore, depuis le règne de sainte Hélène, plusieurs églises s'étaient enrichies de divers morceaux.

« Les annalistes, il est vrai, dit M. Guérin, ne parlent pas de la réunion de la tunique avec la croix; c'est qu'ils n'avaient à s'occuper que de la relique principale; de même Chosroës II, ayant emporté la croix, lorsque son fils la rendit ensuite à l'empereur Héraclius, vainqueur, les annalistes disent seulement qu'il rendit la croix; mais, comme Héraclius ne réclama pas la tunique, c'est une preuve qu'elle avait été rendue et qu'elle était avec la croix; c'était un objet trop précieux pour être oublié; donc, il est prouvé qu'Héraclius déposa la tunique à Constantinople avec la croix.

On n'entendit plus parler de la sainte robe pendant un siècle et demi; après quoi, vers l'an 800, l'impératrice Irène la donna à Charlemagne, qui en fit présent à sa fille Théodrade, abbesse du monastère d'Argenteuil, d'où elle fut depuis enlevée plusieurs fois et perdue pendant un siècle.

Puis, retrouvée par un religieux bénédictin,

auquel le Seigneur révéla l'endroit où elle était cachée en l'an 1156.

A cette époque, l'église d'Argenteuil devint un lieu de pèlerinage, et la sainte robe y fit une série non interrompue de miracles.

Puis on cessa d'en parler pendant trois siècles, si ce n'est à de rares intervalles. En 1660, Marie de Lorraine, duchesse de Guise, fit faire une magnifique châsse et la donna aux religieuses d'Argenteuil, qui lui donnèrent en échange un morceau de la relique.

Un morceau avait déjà été donné à Alfred, roi d'Angleterre, par Charles le Chauve.

Qu'est devenu, entre les mains des Anglais hérétiques, ce morceau de la robe? Je ne suis pas non plus sans inquiétude sur le cheveu de saint

Pierre donné à Guillaume le Bâtard par le pape Alexandre II.

M. Guérin imagine ici encore une nouvelle espèce de preuves qui mérite d'être mentionnée : il donne une liste de tous les écrivains qui n'ont pas nié l'existence, la conservation et la possession à Argenteuil de la sainte robe; autant de preuves. Quant à ceux qui l'ont niée, tels que l'abbé de Feller, Moreri, dom Calmet et Jean-Baptiste Thiers, prêtre, auteur de la fameuse *Histoire des perruques*, M. Guérin les traite comme ils méritent, et leur dit : « C'est à vous de prouver que la robe que nous avons à Argenteuil n'est pas celle qui fut faite par Marie mère du Christ. »

Et l'abbé de Feller, Moreri, dom Calmet et Jean-Baptiste Thiers, auteur de l'*Histoire des perruques*,

9

ne répondent rien, sous prétexte qu'ils sont tous morts.

Il n'est que des hérétiques qui puissent contester l'existence de la sainte robe, et la négation des hérétiques est une preuve de plus. Tout ce qu'ils nient est vrai, par cela seul qu'ils le nient.

Toutes les impossibilités prétendues ou apparentes que cette robe ait été conservée ainsi sont encore une preuve bien convaincante, car cela n'a pu se faire que par un miracle, et Dieu n'eût pas fait de miracle pour une relique apocryphe.

En admettant cette façon de raisonner et en se contentant de pareilles preuves, on arriverait facilement à établir la parfaite véracité du *Petit Poucet*, de *Peau-d'Ane* et du *Chaperon rouge*.

Dans le xviie siècle, recrudescence de miracles,

les paralytiques marchent, les sourds entendent, les aveugles voient, les morts ressuscitent.

« Mais l'impiété, *sœur* de l'hérésie, dit M. Guérin, marchait à grands pas (pourquoi sœur? ne pourrait-elle être sa fille ou plutôt sa mère?). Elle ne tarde pas à *disperser* le pauvre esquif de la religion ». La Révolution et la Terreur arrivent, on pille l'église d'Argenteuil et on emporte la châsse d'argent dorée de la duchesse de Guise, mais un prêtre avait enlevé la robe et en avait donné plusieurs morceaux, puis avait enfoui le reste dans un jardin, où elle fut retrouvée en 1800.

Un de ces fragments est chez les jésuites de Fribourg — dit M. Guérin — et tout petit qu'il est — c'est une simple parcelle — a produit deux guérisons miraculeuses. » C'est fort gentil pour une parcelle.

M. Guérin consacre les dernières pages de son ouvrage à réduire à néant la prétention de l'église de Trèves de posséder aussi la robe sans couture, — et il argumente ainsi :

Pour que la sainte robe fût à Trèves, il faudrait qu'elle ne fût pas à Argenteuil ; — or elle est à Argenteuil, donc elle n'est pas à Trèves. — Tirez-vous de là, les gens de Trèves.

On dit aussi que la tunique sans couture, dit M. Guérin, est à Rome dans l'église de Saint-Jean de Latran — même argumentation que ci-dessus ; — quant à la même prétention que la même tunique soit à Thiers en Auvergne et à San-Salvador en Espagne, « ça ne mérite pas d'être réfuté ».

Cependant M. Guérin est bon prince — il veut bien que la relique de Saint-Jean de Latran soit une *tunicula*, une petite tunique ayant servi à Notre-Seigneur dans sa première enfance (laquelle n'aurait pas grandi avec lui); il consent à ce que l'église de Trèves possède — non la tunique sans couture — mais la robe de dessus avec couture.

Mais si Rome et Trèves ne se trouvent pas satisfaites de ces larges concessions, — M. Guérin menace d'établir que la prétendue robe sans couture de Trèves est une robe de saint Jacques, apôtre, — et celle de Rome, une chemise de saint Jean l'Évangéliste.

Comme les vêtements d'alors se conservaient ! — En y pensant, je ne puis voir sans mauvaise humeur combien mon paletot de velours noir, qui n'a que deux ans, est déjà détérioré.

Or, M. Guérin — de même que les pères de la

Salette — me paraît se conformer bien peu aux préceptes du pape Benoît XIV, qui a fixé les règles pour l'admission des miracles dans son ouvrage sur « les béatifications et les canonisations », où il dit :

« Les faits miraculeux ne peuvent être considérés comme suffisamment établis, s'ils ne sont prouvés avec la même exactitude et la même évidence, pour le moins, qu'on exige dans les tribunaux les mieux réglés pour infliger la peine de mort aux criminels ».

Le même pape raconte dans cet ouvrage une anecdote sur saint Martin, à propos de reliques. Un tombeau près de Tours, dit-il, était devenu l'objet d'une dévotion populaire, et quelqu'un même des anciens évêques l'avait accrédité par la consécration d'un autel. — Cependant le saint était suspect à saint Martin, qui fit une enquête de laquelle il ressortit que ce saint martyr n'était autre qu'un fameux brigand supplicié pour ses crimes.

Ce sont les prêtres intolérants et inventeurs de superstitions cruelles et de légendes ridicules qui ont engendré les athées, ou plutôt qui ont fait croire à certains hommes qu'ils étaient athées.

— Ah! votre Dieu est cruel et implacable? Ah! il exige ces petites pratiques puériles? Je ne crois pas à votre Dieu.

— Mais il n'y a qu'un Dieu et c'est le nôtre.

— Alors, je ne crois pas à Dieu, je suis athée; j'aime mieux croire que Dieu n'existe pas, que de croire qu'il est méchant, et, s'il existe, je l'offenserai moins que vous.

Athée! Mais il n'est pas un brin d'herbe, pas un moucheron, pas un insecte qui ne raconte la grandeur et la puissance du Créateur souverain; *vim et naturam divinam*, dit Cicéron.

La nature entière, dit le même Cicéron, nous conduit à la croyance de la divinité; *omnes, duce naturâ, vehimur ad Deos.* Vous êtes athée, vous ne croyez pas à l'existence d'un Dieu. Alors, créez une goutte d'eau, ou anéantissez-la, ce qui n'est pas moins difficile. Qui croyez-vous qui a fait cette terre que nous habitons, cette terre, si petite partie de l'univers?

— Parbleu! la nature.

Cette réponse inepte se faisait déjà du temps du Cicéron déjà nommé, et il la prête à un des interlocuteurs de son ouvrage de la nature des dieux : *Mundum naturâ conformatum putarem.*

— Alors, la nature est Dieu.

Il est une chose que l'Église ne comprend pas ou ne veut pas comprendre : c'est que les temps des dogmes sont passés. Le progrès pour la société, et en morale et en politique, ne doit pas tant consister dans les innovations que dans l'abandon du trésor d'idées fausses et d'absurdités accumulées depuis tant de siècles.

Il faut en revenir à la religion naturelle, à la morale sans dogmes, comme à la politique du bon sens ; à la religion qu'ont dû professer les premiers hommes, avant que la fourberie de quelques-uns d'entre eux leur eût faussé l'esprit.

Leur impression a dû être celle-ci, en regardant autour d'eux :

Il y a un maître très-grand et très-bon, que je ne vois pas, dont je ne sais et ne saurai jamais ni la forme ni l'étendue, ni l'essence. Il est le Créateur et le maître de tout; il est tout-puissant et par conséquent souverainement bon ; peut-être est-il trop grand pour s'occuper individuellement de tous les hommes, qui sont infiniment plus petits à ses yeux que ne le sont les fourmis aux miens; mais peut-être aussi est-il assez grand, lui qui a montré un art si immense dans la création des plus petits êtres, — *maximus in minimis*, — peut-être est-il assez grand pour tout voir, tout savoir, tout surveiller, tout récompenser et tout punir.

Je ne sais pas, je ne saurai jamais dans quel but il m'a créé. Mais je lui obéirai sans doute en obéissant aux instincts qu'il m'a donnés.

J'aurai une femme et des petits que j'aimerai, que je protégerai, que je nourrirai en chassant, en pêchant, en travaillant la terre ; — en dehors d'eux, j'aimerai et je protégerai ceux qui m'aimeront et me protégeront.

Puis, un jour, apparut un de ces hommes qu'au nombre de deux ou trois douzaines la Providence a éparpillés à travers les temps et les pays; un de ces hommes conducteurs de l'humanité auxquels cette Providence a confié le don si rare du bon sens, de la justice et de la souveraine bonté, et cet homme a trouvé la formule :

« Ne faites pas aux autres ce que vous ne voudriez pas que les autres vous fissent. »

Et cet homme avait inventé la justice.

Puis, lorsque le même ou un autre a trouvé l'autre formule :

« Faites aux autres ce que vous désirez que les autres vous fassent, »

La vertu s'est trouvée inventée à son tour.

Et, en même temps, de ces deux maximes réunies, se sont trouvées créées et la morale et une religion suffisante.

Car il n'est pas besoin de prescrire aux hommes d'admirer le souverain créateur, non dans les portraits de fantaisie, dont les moins grotesques, les moins insensés, les moins insolents, n'arrivent qu'à représenter un homme grossi un certain nombre de fois, mais à l'admirer dans la contemplation de ses œuvres.

Il n'est pas besoin de prescrire la prière, puisqu'il y aura toujours faiblesse, besoins, craintes, espoir, en face d'une puissance et d'une bonté qu'on sent infinies.

Eh bien, de ces quelques douzaines d'hommes que la Providence a accordés à l'humanité, dans tous les pays et dans tous les siècles, presque tous ont précédé l'invention de toutes les religions, de toutes les légendes, de tous les dogmes, de toutes les sectes.

Je citais tout à l'heure les deux grandes maximes qui suffisent pour la justice, la morale et la religion, maximes trouvées dans les monuments les plus anciens de la civilisation et de l'humanité.

Il n'est pas un précepte élevé, utile, qui n'ait été trouvé, exprimé dès les commencements de la civilisation.

C'est de nombreux siècles avant l'ère chrétienne que Khong-Tseu disait à la Chine : « Aimez les autres comme vous-même. »

C'est 1324 ans auparavant qu'un roi disait à son fils :

« Ayez de la tendresse pour le peuple;

» Et à un sage :

« Matin et soir, instruisez-moi dans la pratique du bien. »

On trouve dans les *Vedas* des Indiens (lois de Manou), plus anciens encore :

« Puissions-nous avoir beaucoup à donner. »

« Ne soyez pas durs aux faibles; ni faibles aux puissants. »

« Tous les êtres, jusqu'aux mendiants, aux animaux et aux plantes, ont droit à leur part de subsistance et de vie. »

Toutes ces grandes vérités, tous ces grands préceptes, sont acceptés par tous les peuples, par tous les temps; ils eussent formé une vraie religion, conforme à l'étymologie de son nom, une religion qui eût *relié* les hommes; personne n'a jamais osé s'élever ouvertement contre ces grands axiomes.

Mais sont arrivées les prétendues religions d'invention humaine, qui n'ont plus relié, mais enrégimenté les hommes divisés en petits groupes sous des bannières différentes au bénéfice des premiers prêtres et des premiers rois.

On s'est séparé, on s'est haï, on s'est battu, on s'est entre-massacré, pour savoir si Jésus-Christ est de la même substance, ou d'une substance semblable à celle du père, ὅμουσιος ou ὁμοιούσιος.

Pour savoir si Dieu est réellement ou métaphysiquement dans l'Eucharistie, si le pain est mangé et le vin bu, en rendant grâce à Dieu, comme faisaient les anciens et comme faisaient les juifs, ou si c'est réellement la chair de Dieu que l'on mange et son sang que l'on boit ; et c'est cette dernière opinion qui a prévalu.

On s'est séparé, haï et tué pour les imaginations les plus maladives, chacun voulant, sous peine de mort, faire croire aux autres ce qu'il croyait ou faisait semblant de croire lui-même.

Il est donc temps et plus que temps d'en revenir à la morale et aux grandes maximes sur lesquelles tous les peuples de tous les temps ont toujours été et seront toujours d'accord, et de débarrasser, de nettoyer la morale de toutes ces inventions humaines si creuses, si inutiles, si monstrueuses, qui n'ont jamais fait que diviser les hommes au bénéfice d'un petit nombre de fourbes et d'ambitieux ; il est temps non-seulement de proclamer, mais de pratiquer la liberté absolue de conscience.

Et, je le répète, l'avenir appartient à l'Église qui aura les portes les plus larges.

A celle qui aura la première rejeté les arguties et les subtilités du dogme et de toutes les légendes plus que suspectes.

Cicéron, qui ne croyait qu'à un seul Dieu, très-grand et très-bon (*maximus, optimus*), comme tous les grands esprits de l'antiquité, comme Pythagore, comme Aristote, comme Socrate, comme Marc-Aurèle, comme Épictète, etc. ; Cicéron disait, en parlant des superstitions et des crédulités de son temps : « Déjà les vieilles femmes n'en veulent plus à *Nec jam, mihi crede, ne aniculæ quidem.* » (*De Divinatione.*)

Il était besoin alors peut-être de hâter, peut-être simplement de laisser s'achever le discrédit de ces billevesées, et non en tout cas de les remplacer par des billevesées semblables et équivalentes.

Donc, l'avenir à la plus grande Église.

A moins que chaque homme ne se contente d'adorer, de prier Dieu, et de suivre les bons instincts qu'il nous a mis au cœur, ainsi que les huit ou dix préceptes incontestables et incontestés, sous la voûte, sous le dôme bleu du ciel, au milieu des prodiges et des miracles évidents que nous racontent et nous montrent jusqu'aux plus petites des œuvres de Dieu.

Maintenant, s'il est des esprits malades qui ont besoin du mensonge, de l'absurde, des contes de ma mère l'Oie pour être heureux, permis à eux! qu'ils croient tout ce qu'ils voudront et boivent de l'eau de la Salette, mais à une seule condition, c'est qu'ils laisseront les autres n'en rien croire et n'en rien faire.

* * *

L'évêque d'Orléans, l'archevêque de Paris, M. Veuillot, redevenu légitimiste après avoir été républicain, bonapartiste, et quelques autres, veulent ou font semblant de vouloir que la France intervienne pour restaurer le pouvoir temporel du pape, et M. de Chambord le promet.

Il est évident que cette restauration ne se peut faire que par la force, c'est-à-dire par une guerre avec toutes ses conséquences, qu'ils paraissent avoir oubliées.

Si l'Église, qui autrefois prétendait avoir horreur du sang (*Ecclesia sanguine abhorret*), ce qui l'obligeait à faire tuer, écarteler et brûler ses ennemis par les rois, *très-chrétiens*, *catholiques*, etc.; si l'Église croit que ce ne serait pas acheter trop cher la résurrection de ce pouvoir, pourquoi s'adresse-t-elle à la France plutôt qu'à Dieu?

Saint François de Sales disait :

« Ce serait une honte pour moi de demander mes besoins dans le temple de Dieu à un autre que Dieu. »

Le pape, moins que tout autre, ne peut nier ni même révoquer en doute les prodiges par lesquels Jéhova a terrassé les ennemis de ceux qu'il lui plaisait de protéger; pourquoi ne pas demander à Dieu un bon miracle sérieux, au lieu de ces petits miraculets inutiles et prêtant à rire aux incrédules, que l'on nous raconte tous les jours :

apparitions de la Vierge à la Salette, à Pontmain et ailleurs?

Pour détruire tous ces Italiens qui ont l'insolence de donner trois millions et demi par an au saint-père, il ne faut que cet ange qui dans une nuit détruisit toute l'armée de Sennacherib.

Ou ces histoires et ces miracles sont vrais, ou ils ne sont pas vrais.

S'ils ne sont pas vrais, il faut avouer que les prêtres se sont moqués pendant bien des siècles de notre pauvre espèce humaine. S'ils sont vrais, pour que Dieu ne les renouvelle pas en faveur du pape, il faut supposer que l'Être suprême aurait cessé de se soucier de la papauté et même du catholicisme, et qu'il les confie et les abandonne à la conduite et à la sagesse du pape infaillible lui-même.

Il n'y a besoin que d'ouvrir les livres saints, au hasard, pour savoir de quelle terrible puissance dispose le pape, et combien peu il aurait besoin de nous.

« Alors, une grande voix qui venait du temple dit aux anges : « Allez, et versez sur la terre les » sept coupes de la colère de Dieu [1] »

» Et un ange sortit, et tua cent quatre-vingt-cinq mille hommes, et, quand on fut levé de bon matin, voilà ! c'étaient tous des corps morts [2].

» Et je les balaierai d'un balai de destruction, » dit l'Éternel des armées [3].

» Aussitôt furent déliés les quatre anges qui

---

1. Saint Jean, *Apocalypse*, XVI, 1.
2. Ésaïe, XXXVII, 36.
3. Ésaïe, XIV, 24.

DIEU ET DIABLE. 167

étaient prêts pour tuer la troisième partie des hommes[1].

» Et le nombre de l'armée à cheval était de deux cent millions[2].

» Et ceux qui étaient montés sur les chevaux avaient des cuirasses de couleur de feu et d'hyacinthe et de soufre ; les têtes des chevaux étaient comme des têtes de lions, et il sortait de leur bouche du feu, de la fumée et du soufre.[3] »

Et, si le pape peut appeler à son secours une pareille cavalerie, que ferait-il de nos pauvres soldats à pantalon garance, qui sont loin d'être montés sur des chevaux à têtes de lions, et dont la tenue et les armes ne peuvent entrer en comparaison avec

---

1. Saint Jean, *Apocalypse*, x, 15.
2. Saint Jean, ix, 16.
3. *Ibidem.*

des cavaliers qui sont au nombre de deux cent millions, ayant tous des cuirasses d'un si beau rouge, d'un si beau violet et d'un si beau jaune, — sans compter les sept coupes de la colère de Dieu.

On assure que le pape, se rappelant enfin l'article du concile que j'ai cité, vient de défendre aux Chartreux de tenir cabaret et de vendre des liqueurs; je pense que cette prohibition s'applique également aux trappistes et aux bénédictins également établis « mastroquets », qui leur font concurrence. Notons en passant que les trois ordres qui font ce métier sont entre tous les plus célèbres : deux par leurs austérités et le troisième par ses travaux.

Je pense que cette défense s'applique également aux Pères de la Salette, et avec plus de raison; car enfin la *chartreuse* est une liqueur chère mais agréable, surtout la jaune.

Je suppose que la *trappistine* et la *bénédictine* sont aussi bonnes, j'en ai pour garant la quatrième page des journaux.

Mais vendre de l'eau claire en bouteilles cachetées, c'est plus fort.

Puisque les miracles deviennent à la mode, et que Pie IX paraît vouloir chasser deux ou trois marchands du temple, il serait peut-être à propos de renouveler une petite industrie qui n'a, je crois, été prévue par aucun concile.

Du temps de Louis XV, je ne sais plus quel prêtre vendit dans les campagnes de petites oraisons pour faire pondre les poules; c'était écrit très-fin sur un morceau de papier que l'on roulait en boulettes et que l'on faisait avaler aux poules paresseuses.

★
★ ★

La société, dans tous les pays et dans tous les temps, s'est fondée sur la base d'une inégalité d'abord réelle, puis factice et convenue.

La plus ancienne civilisation dont nous ayons des traces est celle des Indiens ; d'elle découlent toutes les mythologies et toutes les religions et toutes les législations.

Voici ce qu'elle nous révèle :

« Au commencement, il y eut *un* existant par lui-même qui n'est pas à la portée de nos sens externes, nul ne peut le comprendre [1]. »

[1]. Lois de Manou, livre Ier, stance 7.

Puis il y eut Brahma, le créateur souverain. Il tira de lui-même quatre races : de sa bouche, le *Brahmane*; de son bras, le *Kchatriya*; de sa cuisse, le *Vaisya*, et de son pied, le *Soudra* [1].

Le brahmane (le prêtre), en venant au monde, est placé au premier rang sur cette terre; souverain seigneur de tous les êtres, il doit veiller à la conservation du trésor des lois civiles et religieuses [2].

Tout ce que le monde renferme est, en quelque sorte, la propriété du brahmane [3].

C'est par la générosité du brahmane que les autres hommes jouissent des biens de ce monde [4].

Un brahmane âgé de dix ans doit être considéré

---

1. Lois de Manou, livre 1er, stance 31.
2. Id. — id. — 99.
3. Id. — id. — 100.
4. Id. — id. — 101.

et obéi comme un père par un kchatriya âgé de cent ans [1].

Un roi, mourût-il de faim, ne doit pas recevoir le tribut d'un brahmane (liv. V, 134).

Après s'être levé à l'aube du jour, le roi doit témoigner son respect aux brahmanes (liv. V, st. 37).

Qu'un roi se garde de rien prendre à un brahmane, car le brahmane irrité le détruirait, lui, ses armées, ses équipages, par ses seules imprécations (10°, 313).

Cependant, les concessions arrivent : la classe des prêtres, les brahmanes, a besoin de la classe militaire, les kchatriyas.

Aussi :

Le kchatriya tire son origine du brahmane, le kchatriya ne peut pas prospérer sans le brah-

[1]. Lois de Manou, liv. II, st. 135.

mane, ni le brahmane s'élever sans le kchatriya (X, 320-19).

En s'unissant, la classe sacerdotale et la classe militaire s'élèvent dans ce monde et dans l'autre (X, 322).

Les forces du roi dépendent des autres ; les forces du brahmane dépendent du brahmane (XI, 32).

Autant le sang du brahmane blessé, répandu à terre, rougit de grains de poussière, autant de milliers d'années l'auteur de ce méfait restera dans le séjour infernal (XI, 207).

Dans l'*Asipatravana*, forêt qui a pour feuilles des lames d'épée (XII, 75).

Un brahmane possédant le *Rig-Veda* entier ne serait souillé d'aucun crime, même s'il avait tué tous les habitants des trois mondes (XI, 261).

Après le brahmane tiré de la bouche de Brahma,

vient le kchatriya tiré de son bras; c'est la classe militaire, la classe des rois (I, 89).

Ensuite le *vaisya*, classe des laboureurs et des marchands, tirée de la cuisse de Brahma (I, 90).

Ensuite, le *soudra*, tiré du pied.

Le soudra n'a rien à faire dans la vie que de servir les classes précédentes (I, 91).

On ne doit pas donner un conseil à un soudra, ni lui enseigner aucune pratique de dévotion, ni aucune loi (IVe, 80).

Les hommes qui exercent à tort les arts libéraux sont des voleurs (IXe, 259).

Le mariage d'un membre d'une des classes sacerdotale, militaire et commerçante avec une fille soudra est impur (X, 4-12).

L'abandon de la vie pour le salut d'un brahmane fait parvenir au ciel les hommes de vile naissance (X, 62).

Que le soudra qui se livre aux occupations des supérieurs soit dépouillé et banni (X, 96).

Servir les brahmanes est l'action la plus louable et la seule récompensée pour un soudra.

Un soudra ne doit pas amasser de richesses superflues, car cette insolence offenserait les brahmanes (X, 129).

Que tout homme, selon ses moyens, fasse des présents aux brahmanes, après sa mort, il obtient le ciel (X, 129).

L'homme qui a imposé silence à un brahmane doit se purifier, ne rien manger pendant vingt-quatre heures et se prosterner devant lui (XI, 204), etc.

Toutes les sociétés, comme toutes les religions qui ont suivi, se sont plus ou moins modelées sur la religion et sur la société indiennes.

Les révolutions ont amené des alliances ou des guerres entre les classes privilégiées ; quelquefois une de ces classes a fait des promesses aux soudras, pour se servir d'eux et renverser sa rivale, mais, la guerre finie, on a toujours remis le soudra à sa place.

Parfois, une des classes privilégiées l'a emporté sur les autres ; le pouvoir s'est déplacé, mais il y a toujours une, deux ou trois classes privilégiées, et... des soudras.

Toujours, considérant la nature comme marâtre ou Dieu comme un père injuste, la société n'a pas cru qu'il y eût assez pour un partage égal entre ses membres, et elle a décidé que le plus grand nombre aurait peu, pour qu'un petit nombre eût beaucoup.

Cela a duré longtemps et dure encore à un certain point, mais cela ne peut plus durer.

Cela a duré parce que les classes vivaient séparées, parce que les rois se montraient vêtus de la pourpre, marchaient au bruit du canon et entourés d'hommes armés, parce que surtout, à part les classes privilégiées, on tenait les peuples dans une sacro-sainte ignorance, ignorance qui a été la base du pouvoir souverain des prêtres même sur les rois, tant qu'ils ont pu garder la science pour eux. Aussi voyons-nous chez les Indiens les brahmanes édicter des peines sévères contre le « vol de doctrine », c'est-à-dire l'usurpation de la science faite par les trois autres classes; l'arbre du bien et du mal, le fruit défendu est dans toutes les religions et dans toutes les sociétés.

Parce que les brahmanes et les kchatriyas de tous les temps mangeaient les bons morceaux entre eux dans le fond de leurs temples et de leurs palais; parce qu'ils savaient mettre une sourdine à leur tourne-broche ; parce que les femmes nobles et les femmes riches qui ont été longtemps les mêmes, réservaient le velours et la moire pour les salons où elles ne rencontraient que des femmes traînant comme elles le velours et la moire, et qu'il était réputé de « mauvais goût », pour une femme, peine sévère justement redoutée — de paraître dans les rues autrement que vêtue simplement et de couleurs sombres, de façon à n'être pas remarquée et à passer inaperçue comme dans un bal masqué.

Pendant longtemps, lorsque malgré la garde soigneusement montée autour de l'arbre de la science, quelque quidam hardi en volait quelques fruits plus ou moins mûrs, on tâchait d'étouffer le quidam, et si on ne réussissait pas à le supprimer, on l'acceptait, on l'initiait, et on en faisait un des plus sévères gardiens de cet arbre contre la gourmandise publique.

Mais, aujourd'hui, l'arbre a été mis au pillage ; on a gaulé les fruits, beaucoup s'en sont indigérés au lieu de s'en nourrir ; les « voleurs de doctrine », trop nombreux pour être acceptés comme recrues, ont été déclarés des ennemis et ont accepté le rôle d'ennemis.

La bourgeoisie, qui a hérité de la noblesse, a tout perdu par sa vanité.

Elle a voulu triompher dans la rue ; elle a fait

jeter devant sa porte les plumes des faisans et des perdrix, et les cosses de pois de primeur de son dîner de la veille.

Elle a adapté à ses tourne-broches des musiques bruyantes, provoquantes et agaçantes.

Les femmes ont traîné la soie et le velours sur le pavé et dans le ruisseau.

Les bourgeois invitent des journalistes à leurs dîners et à leurs bals, à condition que les journalistes publieront le « menu » du dîner, vanteront les mets, célèbreront les vins, et raconteront les jupes de brocart et décriront les épaules de satin.

Tout ce bruit a dérangé ceux qui croyaient faire de bons dîners avec du pain, du fromage et des côtelettes de porc frais, surtout s'il y avait beaucoup de cornichons; ceux qui croyaient s'amuser en se promenant dans les champs, le dimanche,

> Toi — z'en basin,
> Moi — z'en nankin,
> Tous deux en escarpin.

à aller cueillir dans les bois au mois de mars les violettes, au mois de mai le muguet, et, dans les blés, au mois de juillet, les bluets pour en faire des couronnes, dont les filles se croyaient suffisamment parées, — et avec raison, puisqu'elles étaient trouvées charmantes par leurs amoureux.

Les provocations de la bourgeoisie ont produit ce qu'elles devaient produire. Tout le monde aujourd'hui veut manger des faisans, des perdreaux et des pois de primeurs; toutes les femmes veulent traîner du velours sur le pavé.

De révolutions en révolutions, après beaucoup de batailles, on a enfin conquis quelque chose.

Et quelque chose de durable.

C'est :

L'ÉGALITÉ DES DÉPENSES

★
★ ★

J'avais proposé dans le temps, pour les affaires d'Italie, une solution que je crois opportun de livrer à la publicité et conséquemment à la discussion.

Cette solution laisserait Rome pour capitale à l'Italie; elle donnerait en même temps à la papauté une vie nouvelle, dont elle me paraît avoir singulièrement besoin.

Voici ma solution :

Dans le petit nombre de pièces de monnaie qui, en traversant ma retraite, s'arrêtent quelques instants chez moi, j'avais remarqué que le roi d'Italie a dans ses titres — sur la monnaie — celui de « roi de Chypre et de Jérusalem ».

Sans l'avoir consulté à ce sujet dans les deux fois que j'ai eu l'honneur de jaser avec lui, j'étais persuadé qu'il abandonnerait volontiers au pape, en échange de Rome, tous ses droits sur Jérusalem, et j'avais parlé de ce projet à quelques Italiens.

Un d'eux m'écrit que, depuis quelque temps, on s'est occupé de ce sujet en silence. « Et enfin, me dit-il, je suis assez heureux pour pouvoir vous donner, dès à présent, le discours que le pape doit, à ce propos, prononcer à l'ouverture du prochain Concile. Seulement, gardez-moi le secret ».

Je vais imiter mon correspondant, en priant mes lecteurs à mon tour de me garder le secret, et en les avertissant que je ne garantis pas l'exactitude du fait.

« Évêques de la religion chrétienne, dira le saint-père, Dieu a mis un collyre sur mes yeux, et j'ai vu [1], et il m'a dit : « Remets ton épée dans le fourreau [2]. Je vais prier la France de retirer ses troupes ; je ne dois pas continuer une guerre antichrétienne et verser le sang pour soutenir une puissance temporelle fictive et contraire à l'Évangile. Rome, mes frères, a été pour nous cette montagne sur laquelle le diable a porté le

1. Apocalypse, III, 18.
2. Saint Matthieu

Sauveur en lui disant : « Vois tous les pays du
» monde ; ils sont à toi si tu m'adores [1]. » Et
nous avons adoré le diable pour être riches et
puissants. Quoiqu'il nous ait été dit : « Ne vous
» amassez pas des trésors sur la terre, car là où
» est votre trésor, là aussi sera votre cœur [2]. »
Gardez-vous avec soin de l'avarice [3]; ne soyez
pas en souci en disant : « Que mangerons-nous?
» que boirons-nous? de quoi serons-nous vê-
» tus [4]? Regardez les oiseaux de l'air ; ils n'a-
» massent rien dans les greniers, et Dieu les
» nourrit [5]. »

» Voyez les lys des champs, ils ne travaillent ni

---

1. Saint Matthieu, IV, 8.
2. Saint Matthieu, VI, 19.
3 Saint Luc, XII, 15.
4. Saint Matthieu, VI, 31.
5 Saint Matthieu, VI, 26.

ne filent, et Salomon dans sa gloire n'est pas vêtu aussi richement qu'eux [1].

» Voici l'heure qui vient et elle est déjà venue, où nous devons être dispersés [2].

» L'Éternel a appelé jusqu'aux guêpes contre nous [3].

» Nous sommes dans le sépulcre depuis quatre jours [4].

» Mais le Seigneur m'a dit : « Vous êtes maintenant dans la tristesse, mais je vous verrai de nouveau et votre âme se réjouira [5]. » Et, pour que Dieu nous voie de nouveau, nous allons retourner à notre berceau. Le roi d'Italie nous

---

1. Saint Luc, XII, 27.
2. Saint Jean, XVI, 31.
3. Ésaïe, VII, 18.
4. Saint Jean, XI, 39.
5. Saint Jean, XVI, 22.

cède Jérusalem, où nous retrouverons la simplicité et les vertus de notre origine, où nous rechercherons, pour les suivre désormais, les traces et les exemples de Jésus-Christ, là où il a vécu pauvre, là où il a enseigné sa morale simple et tendre, là où il est mort sans vouloir que saint Pierre le défendît.

» Donc, au nom de Jésus-Christ, levons-nous et marchons [1] ; mettons notre robe et nos souliers [2].

» Vendons ce que nous avons et donnons-le en aumônes [3].

» N'ayons ni or ni argent dans notre ceinture [4]. Il faut que nous naissions de nouveau [5].

1. Actes des Apôtres, III.
2. Actes des Apôtres, XIV, 4.
3. Saint Luc, XII, 33.
4. Saint Marc.
5 Saint Jean, III, 7.

» La pluie est tombée, les torrents ont débordé, les vents ont soufflé, et sont venus fondre sur cette maison, et elle tombe [1].

» Cette demeure va devenir déserte [2], mais il faut que je passe la fête prochaine à Jérusalem [3].

» Que ma langue s'attache à mon palais, si je ne fais de Jérusalem le sujet de ma joie [4]. L'Éternel a choisi Jérusalem et l'a agréée pour son séjour [5].

» Nous sommes les serviteurs de Dieu, et nous rebâtissons sa maison [6]. « Va à Jérusalem, a dit le

---

1. Saint Matthieu, VII, 27.
2. Saint Matthieu, XIII, 38.
3. Actes des Apôtres, saint Paul, XVIII, 21.
4. Psaumes de David, CXXXVII, 5.
5. Psaumes de David, CXXXII, 13.
6. Esdras, V, 2.

» Seigneur, et que la maison de Dieu soit rebâtie
» en sa place[1]. »

» Et je vois déjà la sainte cité, la nouvelle Jérusalem[2], et une grande voix descend du ciel et me dit : Voici le tabernacle. C'est là que nous ressusciterons pleins de force. Déserts de Jérusalem, réjouissez-vous, car l'Éternel a racheté Jérusalem. »

Les papes ont l'habitude de prendre un nom de fantaisie en recevant la tiare. Une superstition populaire veut que tout pape qui garderait son nom en montant sur le trône, mourrait nécessairement dans l'année. Et on cite le cardinal Marcel Céroin, qui commit cette imprudence et mourut le vingtième jour de son pontificat (Marcel II).

1. Esdras, v, 15.
2. Actes des Apôtres, xxi, 2.

Quelques-uns font remonter cet usage à Sergius II, dont le nom signifiait « groin de porc ».

D'autres à Sergius III, qui se nommait *Pierre*, et ne voulut pas, par humilité, porter le nom du prince des apôtres. On aime à voir une vertu à Sergius III. On a prétendu, d'autre part, qu'il voulut, en changeant de nom, rompre avec une célébrité ultra-mondaine qu'avait obtenue son vrai nom avant son élévation à la papauté, où il fut amené par les intrigues de sa maîtresse Marosie. C'est, du reste, à cette humilité qu'on attribue le plus généralement cette particularité qu'aucun pape, depuis l'apôtre, ne s'est appelé Pierre.

Plusieurs auteurs prétendent que la papauté finira comme elle a commencé, par un Pierre.

Toujours est-il que ce nom de Pierre, prince

des apôtres, le premier des papes, est très-vénéré par ses successeurs. Or, Pierre n'avait pas de « puissance temporelle »; il ne possédait au monde que ses filets, et il les abandonna pour suivre le Christ. (Saint Matthieu, IV, 20.)

Et le Christ lui dit : « Ne soyez point en souci, disant : « Que mangerons-nous? que boirons-nous? de quoi serons-nous vêtus? » (Saint Luc, XII, 22.)

Saint Pierre n'était pas infaillible, il s'en faut.

Près de Bethsaïde, malgré la défense du maître, il dit au peuple que Jésus est le Christ de Dieu. (Saint Luc, IX, 20.)

Le même saint Luc (IX, 33) raconte que saint Pierre, lors de la transfiguration, « ne savait pas ce qu'il disait »; malgré l'ordre de Jésus de veiller et de prier, il s'endort jusqu'à trois fois dans un lieu appelé Gethsemani (saint Marc, xiv), et le Christ lui dit : « Tu n'as pu veiller une heure. » (*Idem*, — *ibidem*.)

Saint Marc (iv, 40). Jésus, sur un lac, reproche à Pierre de manquer de foi. Un autre jour, sur la mer, Jésus fait itérativement le même reproche au même Pierre : « Homme de peu de foi, tu as douté ». (Saint Matthieu, xiv, 31.)

Au jardin des Oliviers, Pierre se fait réprimander par son maître pour avoir frappé Malchus de son épée. (Saint Jean, xviii, 2.)

Dans la cour du grand prêtre, il renie son maître trois fois. (Saint Marc, xiv, 67, 68, 70, 71.)

Avant cela, il n'avait pas compris que Jésus, parlant du pain et du levain, s'exprimait par métaphore et parabole, et Jésus l'avait gourmandé en l'appelant encore homme de peu de foi et de peu d'intelligence. (Matthieu, xvi, 8.)

Et, sachant que Pierre a failli tant de fois, Pie IX ose se déclarer infaillible.

⋆
⋆ ⋆

L'autre jour, Sa Sainteté Pie IX a tenu, à d'anciens employés de la police présentés par Monseigneur Raudi, des discours un peu légers. — *L'Osservatore romano* a reproduit le discours du pape, et les journaux légitimistes ont cru devoir le traduire.

Le pape a, en effet, cité à ces hommes de police un passage du Cantique des cantiques du roi Salomon, qu'il appelle « un roi qui écrivait des livres inspirés par l'Esprit-Saint ».

Le passage cité par le saint père est celui qui peint la Sulamite, qui, « ne trouvant pas dans son lit l'objet de ses désirs, se lève et va, au milieu de la nuit, le chercher par les rues et les places. »

Or, si ce Cantique des cantiques a été « inspiré par l'Esprit-Saint », on pourrait dire aussi que l'Esprit-Saint a inspiré à Pétrone *le Satyricon;* à Apulée, *l'Ane d'or;* au chevalier de Parny, *la Guerre des dieux;* à Voltaire, *la Pucelle,* etc.; avec cette différence seulement, que les derniers rachètent à un certain point la nudité de leurs peintures par beaucoup d'esprit, et que le Saint-Esprit était alors plus en veine; on a dit qu'Apollon avait aussi ses heures du berger.

Je n'insisterai pas sur ce point, mais il en est un autre qui doit exciter peut-être plus d'étonnement.

Sa Sainteté, après avoir montré la Sulamite « cherchant à travers les rues l'objet de son amour et de ses désirs qu'elle gémissait de ne pas avoir dans son lit », raconte, d'après la Bible, qu'elle rencontra les gardiens publics, la police de ce temps-là (*vigiles qui custodiunt civitatem*).

« Les temps, dit Sa Sainteté, étaient si sûrs, qu'une femme, une vierge sainte, pouvait aller seule la nuit par la ville. » Le pape ne dit pas s'il approuve ces façons d'agir des femmes et des vierges, ni combien de temps on restait vierge à ce métier, ni s'il regrette que les femmes et les vierges romaines ne puissent plus courir les rues la nuit.

» L'Écriture ne dit pas, ajoute-t-il, qu'il y eût des voleurs ; et cela prouve pour le moins qu'ils n'étaient pas en très-grand nombre ; tandis que, aujourd'hui...

» Vous êtes les successeurs de ces « vigiles » du temps de Salomon », etc.

Eh bien, je suis fâché d'avoir à dire que Sa Sainteté Pie IX a un peu oublié la Bible, car il parlerait autrement et de ces *vigiles* qu'il donne pour exemple, et de cette sécurité de la ville de Jérusalem qu'il vante, et de cette situation commode qui permettait aux filles de courir la nuit par les rues à la recherche de l'objet de leur désir.

Le saint-père, si sa mémoire ne le trompait pas, tiendrait un autre langage; en effet, je lis dans une édition de la *Vulgate,* vérifiée par l'ordre du pape Sixte V et imprimée avec l'approbation du pape Clément VIII, c'est-à-dire les deux éditions qui passent pour irréprochables :

Que la ville n'était pas aussi sûre, ni les « vigiles » aussi honnêtes, et que c'était alors la police, cette police donnée pour modèle à celle de Rome par Pie IX, qui, par un cumul étrange, se chargeait de rouer les passants de coups, et de les dépouiller, étant à la fois les voleurs et le guet.

En effet, au chapitre qui suit celui cité par Sa Sainteté, c'est-à-dire au chapitre v, verset 7, la Sulamite, racontant sa course nocturne, à la chute de laquelle elle a enfin « retrouvé l'objet de ses désirs, qui est blanc et rose [1], et l'a ramené dans le lit de sa mère [2], » ajoute : « Les gardiens qui font des patrouilles dans la ville m'ont rencontrée, ils m'ont battue jusqu'à me blesser et ils m'ont volé mon manteau [3]. »

1. Candidus et rubicundus. (*Canticum canticorum*, v, 16).
2. In cubiculum genitricis meæ. (*Canticum canticorum*, iii, 4.)
3. Invenerunt me custodes qui circumeunt civitatem, percusserunt me et vulneraverunt me, — tulerunt pallium meum. (*Canticum canticorum*, v, 7.)

Sa Sainteté Pie IX est loin d'être un méchant homme; il a même, au commencement de son long règne, en 1849, donné des preuves incontestables de bonté, de charité, et même d'esprit libéral; mais depuis, entraîné tour à tour par les ultra-républicains et les ultra-catholiques, il s'est rejeté sur l'immaculée conception, l'infaillibilité du pape, et une politique insensée; il est triste pour lui que l'histoire ait à enregistrer que c'est sous son règne et au bénéfice d'un pouvoir temporel qui n'existe pas, et de l'invention de dogmes absurdes, qu'a été fait le premier essai des *chassepots*, c'est-à-dire de la mécanique appliquée à l'homicide et remplaçant la valeur personnelle par le hasard.

Faudra-t-il que l'histoire ajoute à ce déplorable souvenir :

Mastaï Ferretti, ce pontife infaillible,
Lisait trop Paul de Kock — et pas assez la Bible.

Ce n'est certes pas moi qui aurais osé le premier faire des citations du Cantique des cantiques et il y a un bon tiers de cet ouvrage inspiré par le Saint-Esprit, selon Sa Sainteté Pie IX, que je n'oserais reproduire ici. C'est le saint-père qui a commencé.

★
★ ★

On se préoccupe de temps en temps, et assez en ce moment, d'une proposition concernant l'exécution des lois qui expulsent les jésuites de France.

Si ces lois existent, elles doivent être exécutées

comme toutes les lois, jusqu'à leur abrogation.

Mais je n'aime guère toutes ces lois d'exclusion, d'oppression, etc.

Au lieu d'admettre une fois pour toutes que « la liberté de chacun a pour limites la liberté des autres », on a inventé une liberté bizarre dont tout le monde serait l'esclave.

Ce n'est pas dans le pays qu'il faut attaquer et détruire la puissance des jésuites, c'est dans les esprits qu'il faut la tuer à jamais.

Pour la tuer, il n'est que l'instruction, non-seulement l'instruction des hommes, mais aussi et surtout celle des femmes.

Les jésuites ne s'appuient plus aujourd'hui sur des croyances, ils s'appuient sur deux sottises :

La première est l'éducation des femmes; la seconde, la vanité des classes qui, après avoir abattu les abus, non pour les détruire, mais pour s'en emparer, sont devenues l'aristocratie bourgeoise.

On abandonne l'éducation des filles et des femmes à la routine, à laquelle on dérobe les garçons ; les pères, les maris, veulent que leurs filles, leurs femmes, aient « de la religion ». Pour cela, ils les livrent aux ennemis-nés, aux destructeurs de la religion.

Ils sourient en les voyant adopter les petites et minutieuses pratiques d'un paganisme soi-disant chrétien. Ils se figurent trouver là une garantie. Comme le Prud'homme d'Henry Monnier, causant avec son portier qui est de son avis, dit : « Il faut une religion pour le peuple, » les nouveaux aristocrates veulent avoir, ainsi que les mêmes loges à l'Opéra, les mêmes chaises à l'église que leurs prédécesseurs; ils font bossuer leur argenterie neuve; ils se font composer des armes par les papetiers; ils mettent leurs filles au *Sacré-Cœur* ou aux *Oiseaux* : c'est bon genre, c'est aristocrate. On suit les prédications, les carêmes, etc., et on dit : « Nous autres ».

Pour les jésuites, pour certains prêtres, quand les jeunes filles sont sorties du *Sacré-Cœur* ou des *Oiseaux*, ne croyez pas qu'ils les gênent dans leurs plaisirs, pas si bêtes ! Ils ne tiennent qu'à maintenir certaines petites habitudes routinières; ils font de la confession quelque chose de tout à fait agréable; on vient causer de ses jolis petits péchés, on les repasse, on les ressasse, on les rumine; on traite là des questions délicatement scabreuses qu'on n'oserait traiter ni avec son mari, ni avec son amant. Et, si le pauvre prêtre, pendant ce temps, cuit dans son harnais; si sa voix tremble en infligeant la pénitence, s'il est oppressé et haletant en donnant l'absolution, eh bien, cela ne déplaît pas trop.

Par ce moyen, on allonge la ficelle de l'oiseau, le fil du hanneton, mais on ne les lâche pas. On les laisse flottants, tant que la femme est jeune et belle. Mais, quand, aux confessions des péchés partagés, succède la confidence des chagrins de l'amour trahi et dédaigné, alors on tire tout doucement la ficelle de l'oiseau blessé, le fil du hanneton fatigué.

On susurre à l'oreille des femmes une tendre sympathie, on leur offre l'amour de Dieu, pour qui elles sont éternellement jeunes, éternellement belles; on allume de nouveau leur imagination au feu des cierges, puis on leur ouvre une nouvelle carrière : la domination, l'influence.

Et cette influence, cette domination, on la dirige ; par elle, sans mettre les pieds dans la maison, on y est le maître, on se fait livrer le fils et la fille, on complote contre le mari, on gouverne ou on détruit la famille.

Aussi, sans écouter certains énergumènes, les ultras de l'émancipation des femmes, qui, comme tous les ultras, perdent plus ou moins sciemment les procès qu'ils plaident, par cela qu'ils les plaident, il ne faut pas que toutes les femmes soient avocates, conférencières, sénateuses, etc.

Mais il faut leur faire l'honneur et leur rendre la justice de ne pas cultiver seulement leur corps : il faut s'occuper de leur instruction, non pour en faire des pédantes, mais pour en faire des êtres raisonnables, nos compagnes dans la journée aussi bien que dans la nuit.

Il faut qu'elles sachent comme nous ce qui nous fait repousser la confession et les minutieuses pratiques d'une dévotion païenne; il faut faire cesser par un effet de leur volonté éclairée cette situation absurde, d'un mari et d'une femme qui n'ont pas les mêmes croyances, d'une femme qui croit son mari criminel et dévoué à l'enfer, d'une femme qui place par la confession un autre homme entre son mari et elle, d'une femme qui introduit un témoin dans l'alcôve conjugale.

Il ne faut pas le leur défendre, il faut qu'elles ne le veuillent plus.

Et alors les jésuites seront non pas chassés de France, mais chassés des cœurs et des esprits : ça, c'est à perpétuité, c'est une condamnation qu'on n'élude pas.

Qu'ils restent ensuite en France si ça leur plaît, on ne s'irritera plus, on rira.

★
★ ★

Les gens qui se sont fait un patrimoine des abus et qui s'y sont fortifiés, les défendent avec une telle opiniâtreté, que la justice et la raison, qui sont calmes, n'ont pas le choc assez puissant, assez furieux pour enfoncer les portes de la forteresse ; aussi les abus ne sont presque jamais renversés que par l'excès et l'abus contraire. L'instruction, mais l'instruction primaire seulement, sans laquelle, dans l'état actuel de la société, l'homme est infirme et esclave, doit être obligatoire pour le père au même titre qu'est obligatoire pour lui le devoir de nourrir ses enfants; pour être obligatoire sans tyrannie, il faut qu'elle soit gratuite.

Chez les Athéniens, la loi qui obligeait les enfants à secourir leurs parents vieux ou infirmes, les en dispensait quand ceux-ci ne leur avaient pas fait apprendre une profession.

Les prêtres de tous les temps, de tous les pays, de toutes les religions, se sont, autant qu'ils l'ont pu, emparés de l'instruction, parce qu'ils jettent dans les jeunes esprits des semences qui leur conservent un certain pouvoir sur leurs élèves devenus hommes; ils les attendent et les retrouvent au confessionnal, au mariage, au baptême de leurs enfants et à la mort, c'est-à-dire dans ces moments où, heureux ou abattu, l'homme est faible et se laisse facilement conduire.

Le cardinal Alberoni, dans le recueil de ses

idées, que l'on a appelé son testament, ne cache pas la vraie cause pour laquelle les gens d'Église et les hommes politiques ambitieux s'opposent et s'opposeront toujours à la propagation de l'instruction parmi le peuple. Alberoni, cependant, qui fut tout-puissant pendant quelques années en Espagne, ce qui faillit troubler toute l'Europe, n'avait pas à se plaindre de cette instruction, car il était fils d'un jardinier des environs de Parme.

« L'ignorance, dit-il, doit être le partage de ceux qui sont nés pour toujours obéir. »

« Lorsque l'esprit saisit la parfaite égalité que la nature a mise entre les hommes, il a trop de peine ensuite à se plier aux différences que la société a établies, et la raison se révolte contre la servitude. »

C'est absolument comme l'usage de bander et

couvrir les yeux aux mulets que l'on attelle aux norias et manéges pour faire monter l'eau, usage que, pour perdre moins de temps, certains peuples changent en celui de leur crever les yeux, pour qu'ils ne voient pas qu'ils marchent en rond sans arriver à rien qu'à travailler pour un maître.

Le cardinal du Perron voulait qu'on supprimât la plus grande partie des colléges établis en France, et cependant ils étaient alors presque entièrement dirigés par des prêtres.

Richelieu, partant du même point, arrive cependant à une conclusion plus large et moins absolue. « La connaissance des lettres, dit-il, est tout à fait nécessaire en une république ; mais il est certain qu'elles ne doivent pas être indifféremment enseignées à tout le monde.

» Ainsi qu'un corps qui aurait des yeux en toutes ses parties serait monstrueux, de même un État le serait si tous ses sujets étaient savants; on y verrait aussi peu d'obéissance que l'orgueil et la présomption y seraient ordinaires.

» Le commerce des lettres bannirait celui de la marchandise, ruinerait l'agriculture et déserterait en peu de temps la pépinière des soldats, qui s'élèvent plutôt dans la rudesse de l'ignorance que dans la politesse des sciences; enfin, il remplirait la France de chicaneurs, plus propres à ruiner les familles particulières et à troubler le repos public, qu'à procurer aucun bien aux États.

» Si les lettres, ajoute-t-il, étaient profanées à toute sorte d'esprits, on verrait plus de gens capables de former les doutes que de les résoudre, et beaucoup seraient plus propres à s'opposer aux vérités qu'à les défendre. »

Mais, par les lettres, Richelieu entendait non pas l'instruction primaire, mais une instruction supérieure.

En effet, il veut qu'on « tire la jeunesse d'une ignorance grossière, nuisible à ceux même qui destinent leur vie aux armes ou au trafic ».

« Au bout de deux ou trois ans, dit-il, on connaîtra la portée de l'esprit des enfants, et on enverra les meilleurs étudier dans de grandes villes. »

Le cardinal se prononce aussi sur la dispute entre l'Université et les Jésuites à propos du monopole de l'éducation :

« Les universités prétendent qu'on leur fait un tort extrême de ne leur pas laisser, privativement à tous autres, la faculté d'enseigner la jeunesse.

» Les jésuites, d'autre part, ne seraient pas fâchés d'être seuls employés à cette fonction.

» Si les universités enseignaient seules, elles reviendraient à leur ancien orgueil, qui a été si préjudiciable.

» De la part des jésuites on pourrait appréhender le même inconvénient ; on aurait, de plus, sujet d'en craindre plusieurs autres. »

Et il énumère les nombreux dangers qu'il y aurait à laisser l'éducation aux mains de cette compagnie.

« 1° Obéissance aveugle des jésuites à un chef étranger ;

» 2° Leur puissance, qui leur ferait placer leurs élèves dans toutes les charges et tous les grades les plus élevés, et leur y donneraient ainsi entrée à eux-mêmes;

» 3° Les sacrements, au moyen desquels ils continueraient dans la vie civile leur autorité sur leurs disciples. »

Il se défie également « des bénédictins et des dominicains, qui, tour à tour, dit-il, ont exercé cette même autorité. »

Il conclut qu'il faut « laisser à l'Université et aux jésuites à enseigner librement et avec émulation. »

Le but évident des premiers prêtres a été de s'emparer de l'instruction pour ne pas la donner; puis ensuite ne la donner qu'à bon escient, en y mêlant certaines idées, certaines pratiques, certains préjugés qui conservaient leurs élèves dans leur dépendance.

Il est une circonstance bien remarquable : j'ai souvent demandé ce que devenaient les orphelins, les enfants trouvés ou abandonnés élevés par des confréries religieuses ; il m'a toujours été répondu que filles et garçons devenaient en général d'assez mauvais sujets ; ainsi dans une ville que j'ai habitée pendant une douzaine d'années, les habitants en étaient venus à ne plus vouloir prendre à aucun prix pour servantes les filles élevées dans une congrégation très-puissante.

Je crus d'abord que cette répugnance était inspirée par la crainte d'admettre dans l'intérieur des familles des personnes qui, continuant à être soumises aux prêtres qui les avaient élevées, iraient, sous prétexte de se confesser elles-mêmes, confesser surtout leurs maîtres et introduire dans la maison l'œil et l'oreille de l'Église.

Cette crainte n'entrait que peu et souvent même pas du tout dans cet éloignement ; je questionnai encore et je découvris la cause qui faisait si « mal tourner » la plupart des élèves de cette congrégation, où on doit nécessairement leur inculquer des préceptes de morale et d'honnêteté.

Cette cause, la voici :

En même temps que les règles de la morale, de la probité, des devoirs, on enseigne aux enfants un certain nombre de pratiques, je ne dirai pas religieuses, mais dévotes, auxquelles on les habitue à attacher une importance exagérée et superstitieuse, et sur lesquelles on se montre, quelquefois plus, et toujours au moins aussi sévère que sur les devoirs de la vie sociale..

De telle sorte que les élèves sortent de ces maisons munies d'un espèce de chapelet où sont attachés pêle-mêle et sur le même fil la probité et les offices religieux, l'amour du travail et l'observation des jours maigres, la chasteté et les amulettes et les scapulaires, etc., de telle sorte qu'une fois entrées dans la vie, où les exigences du travail et des diverses professions rendent à peu près impossibles ces pratiques du couvent, au moins dans leur régularité, les élèves des congrégations, d'abord un peu effrayées d'y renoncer, ne se croient pas ensuite plus coupables d'abandonner tout le reste ; et le chapelet, une fois le fil rompu, laisse tomber en même temps tous ses grains, pratiques dévotes et vertus sociales.

A l'occasion des vœux pour l'instruction gratuite et obligatoire, émis par le conseil municipal de Paris, il a été question d'ajouter, et cette mention n'a été repoussée que par deux voix, que cette instruction serait exclusivement laïque.

S'il est une chose et un mot sur lesquels on ne s'entend guère, c'est la liberté.

La plupart des gens ne se croient libres que lorsqu'ils peuvent opprimer ; et, quand ils demandent la liberté, ce n'est pas seulement leur propre liberté qu'ils réclament, mais ils veulent qu'on leur livre aussi la liberté des autres qu'ils prétendent confisquer.

Presque personne ne veut admettre cette formule bien simple cependant et tout à fait incontestable :

« La liberté de chacun a pour limite la liberté des autres. »

L'Université toute-puissante ne tarderait pas à

devenir une sorte de jésuitière laïque, il n'est pas permis d'oublier les excès auxquels elle s'est livrée.

Il faut se rappeler les fameuses querelles pour et contre Aristote — la guerre parfois sanglante entre les deux sectes des aristotéliens, les nominaux et les réalistes, à la suite de laquelle l'Université fit enchaîner dans les bibliothèques certains ouvrages d'Aristote avec défense de les lire par ordonnance du roi Louis XI.

Le savant Ramus, ayant attaqué la doctrine d'Aristote, l'Université obtint de François Ier, auquel cela était bien égal, qu'il défendît à Ramus d'user de médisance à l'égard du précepteur d'Alexandre.

Ramus fut persécuté encore par l'Université,

pour la manière dont il faisait prononcer la lettre Q par ses disciples, dans les mots *quisquis, quamquam*, etc.

En 1601, l'Université déchaîna Aristote et ordonna la lecture assidue de ses ouvrages.

La Sorbonne, en 1624, défendit, sous peine de la vie, de tenir et d'enseigner aucune maxime contre les auteurs anciens approuvés par elle.

La vérité et la raison en cela, comme en toute autre chose, conseillent la liberté, soumise aux garanties de la loi.

L'État ne doit pas avoir de religion, il doit protéger également toutes les religions, toutes les sectes comme tous les individus.

L'État ne peut donc établir que des écoles laïques, mais il ne doit s'opposer en rien à l'établissement d'écoles dites religieuses; seulement, il ne faut plus de privilèges et d'immunités; il faut que les conditions de capacité pour l'admission à la direction des écoles soient les mêmes pour tous; les congrégations religieuses, qui sont encore très-puissantes, et qui se font de si gros revenus de leur pauvreté, ne manqueront pas de continuer à entretenir des écoles gratuites. S'il est juste d'obliger les pères à donner à leurs enfants l'instruction primaire, il n'est pas beaucoup moins juste de leur laisser le choix des écoles; mais prêtres ou laïques doivent subir les mêmes examens et présenter les mêmes garanties.

Ne vous occupez donc, vous, les députés, qui prononcerez sur l'obligation et la gratuité de l'instruction, vous les ministres, qui aurez à les appliquer, ne vous occupez que d'assurer l'égalité pour les écoles laïques. Cette égalité est loin d'exister.

Les directeurs et les professeurs des écoles religieuses sont toujours suffisamment rétribués, tous leurs besoins sont satisfaits par la compagnie ou la congrégation à laquelle ils appartiennent.

Tandis que les instituteurs des écoles laïques — je ne parle pas de Paris, où il s'est fait, sous ce rapport, de notables progrès; — mais les instituteurs des petites villes, et ceux surtout des campagnes, sont rétribués avec une parcimonie qui descend jusqu'à un ridicule sinistre.

L'instituteur communal est plus pauvre que le plus pauvre ouvrier, car le salaire de l'ouvrier s'élève, en proportion de l'enchérissement des denrées, tandis que le sien ne s'élève que par le caprice ou la justice tardive, impuissante et insuffisante d'un ministre.

On n'aurait pas, dans les campagnes, un domestique de ferme, pour la rétribution de l'instituteur, lequel doit se nourrir, tandis que le domestique est nourri à la ferme; ajoutez que l'instituteur doit être vêtu convenablement, suivant certaines conventions.

Cette avare rétribution a un triple inconvénient;

Elle prive les instituteurs de la considération des habitants, qui les voient pauvres, mal vêtus, mal nourris.

Elle les oblige à subvenir aux nécessités de la vie, par l'appoint de petites industries qui les tiennent dans une situation d'infériorité et les empêchent de travailler et d'étudier, et qui leur enlèvent le respect des enfants. Ils sont sacristains, chantres, sonneurs de cloches, employés à divers titres dans les mairies, etc.

Cette parcimonie enfin détourne de la carrière de l'enseignement tous les jeunes gens auxquels et leur instruction et leur intelligence permettent d'aspirer à ne pas mourir de faim ; — tandis qu'au contraire il faut faire de l'instruction une carrière recherchée par les plus capables, — une carrière suffisamment rémunératrice et honorée.

Ne confondez pas surtout l'instruction primaire qui seule doit être obligatoire, qui seule doit être gratuite, avec l'instruction supérieure, qui doit, elle, être exceptionnelle; il n'est pas à désirer qu'on voie tout un pays bachelier et composé d'avocats, de médecins, de journalistes.

Nous avons déjà beaucoup trop de ces gens qui, jetés dans les professions libérales qu'ils encombrent, ne trouvent pas leur place dans une société où ils n'ont alors de chances de vivre qu'en l'agitant, la corrompant et la troublant. J'adopte pour ma part l'avis de Richelieu : Il serait à désirer que ceux-là seulement reçussent l'instruction supérieure, qui ont reçu de la nature une aptitude particulière ; ce qui aurait pour résultat d'élever le niveau des professions libérales, niveau qui tend au contraire singulièrement à s'abaisser par les recrues trop nombreuses et trop indignes qui s'y pressent, s'y coudoient, s'y bousculent et s'y étouffent.

Il est de plus un point que j'ai développé il y a bien longtemps, dans un roman appelé *Clovis Gosselin*.

L'instruction ne doit pas être un instrument destiné à élever, non, l'expression est impropre... disons plutôt : à jucher tout le monde aux mêmes conditions, aux mêmes fonctions sociales. On ne doit pas perdre de vue que l'immense majorité des habitants d'un pays doivent être agriculteurs.

Je demandais donc, dès alors, et j'ai bien des fois demandé depuis :

Que l'instituteur primaire sût et enseignât non-seulement la lecture, l'écriture, les quatre règles de l'arithmétique, un peu de dessin linéaire, un résumé très-concis et très-clair des principales lois du pays, un catéchisme très-court et très-net de morale, mais aussi quelques éléments d'agriculture perfectionnée. Je voulais, et je veux encore, qu'il eût un jardin, auquel on fournirait des arbres à fruit et des semences de légumes des meilleures espèces, qu'il serait chargé de propager en distribuant des greffes et des graines dans la commune, tout en enseignant aux enfants à greffer eux-mêmes. Ce jardin, entretenu par lui et par ses élèves, en guise de récréation, serait un produit pour lui et en même temps répandrait à la fois par la théorie, par l'exemple et par les dons, les améliorations, les progrès et les bonnes espèces.

Pour cela, je le répète, il faut que la profession d'instituteur cesse d'être la moins rétribuée et la moins honorée de toutes les professions, il faut qu'elle puisse tenter et satisfaire l'ambition des jeunes gens qui se sont voués aux études libérales et supérieures. Il faut qu'on soit en droit, en leur ouvrant une carrière honorable et productive, d'exiger d'eux les connaissances que je propose d'ajouter au programme routinier actuel.

* * *

« Le serpent était le plus rusé des animaux. » (*Genèse*, chapitre III, verset 1.)

Mais Kergroën, conducteur de train au chemin de fer de l'Ouest, est plus rusé et plus serpent que le serpent lui-même !

Beaucoup de raisons me portent à croire que le diable, dans cette circonstance récente, a cru opportun de prendre la figure dudit Kergroën.

Satan ou Kergroën, en voyant entrer le père Dufour et la vicomtesse de V... dans un wagon de première classe où ils étaient seuls, se rappela divers passages de l'Écriture :

« Viens, mon bien-aimé, viens aux champs, passons la nuit au village » (Salomon, VII, 2).

« Que ta main gauche soit sous ma tête, et que ta main droite m'embrasse » (*idem* VIII, 3).

« Je suis la rose de Saaron et le muguet des vallées » (*idem* II, 1).

« Ma sœur-épouse, tes amours sont meilleurs que le vin » (*idem* IV, 10).

« Ta tête est comme du cramoisi, et tes cheveux comme de l'écarlate » (*idem* VIII, 5).

Alors Satan-Kergroën se dit :

— Je découvrirai la nudité du père, et j'humilierai la femme souillée » (Ezéchiel XII, 10).

« Mes yeux sont ouverts sur toute leur conduite,

qui n'est point cachée devant moi, et leur iniquité n'est pas couverte devant mes yeux » (Jérémie XVI, 17).

« Et je montrerai la nudité aux nations » (Michée III, 5).

» Et on en fera un proverbe » (Michée II, 4).

Et alors le diable se frotta joyeusement les mains ... de Kergroën.

Et, toujours sous la figure de ce conducteur de train, « celui qui ferme les portes » (Malachie I, 10), il épia les voyageurs, et, ouvrant subitement la portière, entra dans le compartiment.

Ça n'était pas tout à fait le lit de Salomon dont parle la Sulamite : *Des piliers d'argent, un lit d'or, un ciel de pourpre* (Salomon III, 10).

Ce n'était qu'un wagon de première classe dûment capitonné ; mais, au dire du diable sous la figure de Kergroën, aussi bien que le lit de Salomon, *garni d'amour par les filles de Jérusalem* (Cantique des cantiques, III, 10).

« Les gardes ont levé le voile de dessus moi » (*idem* v, 7).

« Le père dit : *C'est ma sœur.* »

« *Ma sœur-épouse* » (Salomon IV, 10).

« Mon bien-aimé, enfuis-toi aussi vite qu'un chevreuil » (VIII, 14).

Le bien-aimé a-t-il un gros ventre comme le père Hyacinthe; je l'ignore, mais il ne s'enfuit pas comme un chevreuil.

« Plût à Dieu que tu fusses mon frère, je t'irais trouver dehors, et je ne serais pas méprisée » (VIII, 1).

Mais le diable, toujours sous la figure de Kergroën, raconte :

« Je vis une femme assise sur quelqu'un de très-rouge (textuellement : sur une bête de couleur d'écarlate) (*Apocalypse*, XVII, 3).

« Je découvrirai le mystère de la femme », etc. (XVII, 7).

« Ne vois-tu pas ce qu'ils font dans les rues de Jérusalem ? » (Jérémie, VII, 17).

Et alors, il y eut un grand scandale, si ce n'est dans Landerneau, comme dit une locution proverbiale, toujours est-ce assez près de Landerneau; — à Brest, — à seize ou dix-huit kilomètres de Landerneau.

« Et tous tes ennemis ont ouvert la bouche sur toi, et ils ont sifflé, et ils ont dit : « Nous les avons abîmés » (Jérémie II, 16).

Et le père Dufour et la vicomtesse de V... « ont

semblé boire le vin pur de la colère de Dieu »
(*Apocalypse*, XIII, 10).

Mais « c'est ici qu'est la patience des saints »
(saint Jean, XIV, 12).

Le père Dufour et la vicomtesse furent accusés
d'outrage à la morale publique.

« Mais l'Éternel plaidera leur cause » (*Proverbes*, XXII, 23).

Le père et la vicomtesse avouèrent beaucoup de
choses ; ils avouèrent que la vicomtesse était sur
les genoux du père, etc. ; qu'on s'était embrassé
(textuel d'après le jugement).

Mais, dit le tribunal, ils étaient seuls dans le
compartiment, le train était en marche, il faisait
nuit, ils avaient voilé la lampe de son store bleu ;
les prévenus avaient donc le droit de se croire chez
eux, dans un endroit non public, *à l'abri de tout*

regard (textuel d'après le jugement), dans un lieu où ils ne pouvaient être ni vus ni dérangés. « Péché caché est à moitié pardonné », dit le proverbe français; il l'est tout à fait, dit le proverbe italien.

Attendu que le diable, sous la figure de Kergroën, a mis quelque variation dans ses dépositions, ces dépositions deviennent suspectes; il est vrai que le père Dufour a également beaucoup varié dans les siennes, mais ce n'est pas la même chose, parce que Kergroën est le diable, et que le père Dufour est un prêtre.

Le tribunal, attendu que le diable, sous le nom de Kergroën, a une *vie privée dénuée de moralité;*

Que sa *curiosité* a été, dans cette circonstance, on ne saurait plus *indiscrète* (textuel d'après le jugement); en conséquence, acquitte le père Dufour et la vicomtesse V...

« Et ils ont pansé la plaie de la fille de mon peuple » (Jérémie, VI, 14).

Sérieusement, le tribunal, malgré les ménagements que nous devons respecter et que nous respectons, dans ses considérants a justement et sagement flétri la conduite du père Dufour, qui *a blessé les lois de la pudeur*, et qui « ne devait pas perdre de vue que sa qualité de prêtre suffit pour porter une déplorable atteinte aux croyances religieuses », et ne l'a acquitté qu'à cause de l'obscurité et de la marche du train, qui *isolait* les inculpés et les *mettait* à l'abri *de tous les regards*.

Ce jugement, dit-on, est frappé d'appel par le ministère public.

Je le respecte néanmoins, et à Dieu ne plaise

qu'une de mes paroles puisse faire penser le contraire.

Mais, ce respect étant établi, le tribunal me permettra de citer, avec une douce et cependant toujours respectueuse gaieté, un des considérants.

« Attendu que, *pour qui connaît la marche des passions humaines...*, il n'est pas admissible que *Dufour* n'ait pas alors fait ceci et cela, etc. »

Plaise au tribunal me permettre de lui dire que la *marche des passions humaines* n'est pas réglée comme une marche militaire; qu'elle subit beaucoup de variétés, d'après le tempérament, le caractère, l'état, la situation, les circonstances; et que les *passions humaines* peuvent avoir *une marche* très-différente chez le père Dufour et chez un honorable et vertueux et correct magistrat, par exemple.

Je ne parlerai pas de cette anatomie expurgée par la décence, qui fait prolonger de beaucoup la jambe au delà des limites que lui assigne la science, en désignant comme *jambe au-dessus du genou* la partie nue, sur laquelle le diable Kergroën prétend avoir donné une claque.

Maintenant, un point plus grave, que je me permettrai de soumettre et au tribunal qui vient de porter son jugement, et à celui qui doit juger l'affaire en appel.

Je pense, comme le tribunal, que Kergroën n'a pas été mû uniquement, dans sa surveillance, par le zèle de la religion, de la morale, etc. ; je ne crois pas que c'eût été pour lui une joie profonde de découvrir que certaines apparences, qui avaient pu éveiller des soupçons, étaient complétement fausses, et que le père Dufour et la vicomtesse de V... dormaient paisiblement chacun à un coin opposé de la voiture.

J'admets et je crois que ce n'est pas sans un mélange de satisfaction que Kergroën a découvert... ce qu'il a découvert et ce qu'on avait découvert, et je veux bien, avec le tribunal, trouver sa *curiosité* indiscrète, et, allant plus loin que le tribunal, croire Kergroën un peu farceur.

Cependant, doit-on blâmer un employé d'une surveillance qui lui est ordonnée par ses chefs, et qui est rendue bien nécessaire par les crimes dont les wagons des chemins de fer ont été le théâtre.

On n'a pas oublié le médecin Constantin James, à moitié assassiné, et le regrettable fils de mon pauvre ami le docteur Lubanski poignardé pendant la nuit, et son cadavre jeté sur la voie.

Dans ces deux cas, si un conducteur de train était venu regarder aux portières, on eût évité ces deux assassinats.

Prenons une autre éventualité.

La vicomtesse de V... entre seule dans ce wagon; à la place de M. Dufour, supposez un prêtre qui ne soit pas seulement, comme le tribunal l'a déclaré, un homme qui *enfreint les lois de la décence et blesse celles de la bienséance.*

Supposez un prêtre comme Contrafatto, comme Lacollonge, comme Molitor, comme tant d'autres; — j'ai vu les deux premiers précisément à Brest, au bagne.

Supposez un satyre, un faune.

Ces conditions où le tribunal a vu des circonstances atténuantes établissant la non-publicité de *l'infraction aux lois dè la décence : la nuit,* — *l'obscurité,* — la *lampe couverte de son store,* — la *marche du train,* — qui permettaient aux inculpés de *se croire isolés* et à *l'abri de tout regard;* ces conditions ne peuvent-elles sembler aussi favorables à un crime monstrueux qu'à une simple *infraction mutuelle aux lois de la décence ?*

Contrafatto ne peut-il se dire : « Il fait nuit, la lampe est voilée; le train marche, personne n'y peut entrer; *je suis isolé, à l'abri de tout regard.* Je puis tout oser ! » et se ruer sur la malheureuse femme, abuser odieusement de l'isolement, de la nuit, de la terreur, la flétrir d'un attentat ineffaçable et finir peut-être comme Antony ?

— *Elle me résistait, je l'ai assassinée !*

La vicomtesse ne résistait pas, dites-vous ; mais il y a des femmes qui résistent. Allons, allons, il vaut mieux de temps en temps qu'un conducteur de train surprenne une vicomtesse de V... sur les genoux d'un père Dufour, que de ne pas surprendre un assassin et empêcher un assassinat.

De même qu'il vaut mieux peut-être voir M. Loyson aimer *sa* femme dans sa chambre, que M. Dufour *aimer* celle d'un autre *en* wagon de chemin de fer.

Le tribunal de Brest, qui a cru devoir défendre la publicité des débats, les a résumés dans les considérants de son jugement (considérants supprimés par les journaux soi-disant religieux), de façon à faire de ce résumé une peine légitime et grave pour les inculpés acquittés ; le silence prescrit sur les débats et qui fait supposer des détails beaucoup plus graves, peut-être graveleux, que ceux mentionnés dans les *considérants*, devient une *circonstance atténuante* de l'acquittement.

On parle de punir Kergroën... Ah! saperlipopette! ne faites pas cette sottise!

Kergroën se présenterait comme candidat aux prochaines élections et serait probablement élu — au suffrage universel direct par scrutin de liste.

★
★ ★

Tout dégénère; l'aventure du père Dufour et de la vicomtesse... n'est pas sans exemple; mais quelle piteuse figure a faite le pauvre père!

Parlez-moi d'un autre prêtre qui, dans une situation identique, non-seulement sut se mettre hors d'affaire, mais encore tira de l'aventure un chagrin pour ses rivaux et ennemis.

Un général des Oratoriens, revenant de la campagne, traversait Paris dans un fiacre soigneusement fermé ; en passant sur le pont Neuf, la voiture est accrochée et verse ; la foule s'amasse, on s'empresse, et on tire du véhicule une jeune et jolie fille fort effrayée ; — puis, un prêtre.

Quel scandale ! tous deux s'enfuient ; mais on se hâte de regarder à quel ordre appartenait le prêtre : « C'est un jésuite ! » dit-on. Et tout Paris, le soir, s'entretenait de l'anecdote d'un jésuite trouvé dans un fiacre avec une fille.

Voici ce qui donnait lieu à cette erreur ; l'oratorien n'avait pas perdu la tête comme le père

Dufour ; au moment de l'accident, en prévoyant les suites nécessaires, il s'était empressé d'ôter et de mettre dans sa poche le petit collet qui seul distinguait les oratoriens des jésuites.

De sorte que non-seulement il ne compromit pas son ordre, mais jeta du ridicule et de l'odieux sur un ordre rival.

⋆
⋆ ⋆

Il me revient à la mémoire une vieille histoire de je ne sais plus quel poëte du Nord, et qui me fut contée autrefois par un oncle, vieux soldat du premier Empire, qui avait conquis la Prusse et était entré à Berlin.

En Grèce, dans un bois de lauriers-roses, sur

les bords de l'Eurotas, deux personnes se rencontrent et se reposent un moment; l'une descend du ciel : c'est Iris, la messagère des dieux et surtout de Junon; l'autre va retourner aux enfers rendre compte à Pluton d'une commission qu'il lui a donnée : c'est Mercure, le confrère d'Iris, le messager aux talons ailés, qui a, entre autres fonctions, celle de conduire aux sombres bords les âmes de ceux qui se sont *acquittés* de la vie, *defuncti*, très-belle expression dont nous avons fait le vilain mot de *défunt*, pour désigner ceux qui sont morts avec l'approbation de M. le maire.

— Ma jolie rivale, dit Mercure, pour te demander où tu vas, je suis devenu trop discret, depuis notre dernière rencontre où tu m'as si rudement rembarré.

— Aujourd'hui, répond Isis, tu pourrais me le

demander, car je puis te le dire. Junon est devenue prude, et, à la suite de quelques plaisanteries et d'un défi de Vénus, elle m'envoie chercher sur la terre trois filles d'une virginité incontestée, n'ayant jamais entr'ouvert leur cœur au moindre sentiment d'amour; elle veut en faire ses filles d'honneur. — Et toi ?

— Moi, c'est une autre affaire, Pluton m'a appelé et m'a dit :

« Tisiphone, Mégère et Alecto sont bien vieilles; elles ont moins d'ardeur et de force qu'autrefois pour châtier les criminels; mes pauvres furies sont si fatiguées, qu'elles en paraissent adoucies et que les hommes les invoquent sous le nom d'Euménides, bienfaisantes; je crains que le bruit n'en soit arrivé sur la terre, et qu'il ne faille attribuer à ce bruit le nombre toujours croissant des forfaits que commettent les hommes qui prennent en doute et en mépris les peines qui les attendent dans les enfers. J'ai décidé de mettre mes trois furies à la retraite! tu vas monter là-haut et me chercher...

» — Des bourreaux ?....

» — Non; trois méchantes femmes; la femme belle, douce, aimante est le triomphe et la gloire de la création, son cœur et sa beauté sont le temple de l'amour; aussi les Grecs ne lui en ont jamais élevé en pierres ni en marbre; mais la méchante femme est le monstre le plus hideux et la bête la plus féroce qui existe.

» Je suis parti, et je retourne.

— Tu as réussi ?

— Oui; mais, voulant me reposer un moment et ne le pouvant, à cause de leurs disputes incessantes, je les ai enchaînées là-bas sous ces arbres où je vais les reprendre. Et toi?

— Moi, je n'ai pas encore commencé mes recherches ; mais j'ai déjà des renseignements.

— Ah !

— C'est dans un petit bourg de l'Attique.

— Près d'Athènes ?

— Très-près, au bord de l'Ilissus.

— Ce n'est pas là que j'aurais cherché ce trésor.

— On m'assure pourtant que je l'y trouverai ; ce sont trois sœurs qui vivent seules.

— Tout au pied de l'Hymette ?

— Oui.

— Une maison écartée, deux colonnes doriques ?

— Oui.

— Trois gros chats à la porte ?

— Comment le sais-tu ?

— Je vais te le dire ; mais je commence par t'avertir que ton voyage est inutile.

— Pourquoi auraient-elles cessé d'être sages ? auraient-elles perdu...?

— Non.

— Auraient-elles dû quitter le pays et aller cacher et abriter leur vertu dans une retraite plus sauvage ?

— Non.

— Eh bien, alors ?

— Cherche ailleurs.

— Pourquoi ?

— Dans la petite maison, au bord de l'Ilissus, au pied de l'Hymette, tu ne trouveras plus que les trois chats.

— Sont-elles donc mortes ?

— Non.

— Parle donc !

— C'est qu'elles sont à trois pas d'ici, et que je les mène à mon maître Pluton, n'ayant trouvé nulle part de créatures plus propres à remplacer les Euménides fatiguées. — Adieu.

★
★ ★

En ces temps de pèlerinages et de miracles, si on réussit à faire le coup de la royauté de droit divin, peut-être serait-ce l'occasion de renouveler quelque chose qui ne ressemble pas mal au miracle de la Salette, mais cependant moins hardi et moins gai, en cela qu'il y manque l'apparition de mademoiselle de la Merlière ; j'en trouve le récit dans un livre du temps. Cela se passait en 1816, sous la seconde restauration, sous Louis XVIII.

Une audience donnée par le roi à une espèce de visionnaire fit l'entretien de la cour et de la ville. Cet homme était un petit laboureur du bourg de Gallardon, à quatre lieues de Chartres ; il se nommait Martin. Il prétendit que, le 15 de janvier, étant occupé à travailler dans son champ, un jeune homme d'une rare beauté s'était présenté à ses yeux, et lui avait dit, d'un son de voix fort doux : « Il faut que vous alliez trouver le roi, que vous lui disiez que sa personne est en danger, ainsi que celle des princes ; que de mauvaises gens tentent encore de renverser le gouvernement ; que plusieurs écrits ou lettres ont déjà circulé dans quelques provinces de ses États à ce sujet ; qu'il faut qu'il fasse faire une police exacte dans son royaume, et surtout dans la capitale; qu'il faut aussi qu'il relève le jour du Seigneur, afin qu'on le sanctifie... Sinon toutes ces choses, la France tombera dans de nouveaux malheurs. — Mais, répondit Martin un peu surpris, puisque vous en savez si long, vous pouvez bien aller trouver le roi et lui dire tout cela. Pourquoi vous adressez-vous à un pauvre homme comme moi, qui ne sait pas s'expliquer? — Ce n'est pas moi qui irai, reprit l'inconnu, ce sera vous; faites attention à ce que je vous dis, et vous ferez tout ce que je vous commande. » A ces mots, l'inconnu s'abaisse insensiblement vers la terre, et disparaît entièrement aux yeux de Martin effrayé. Le laboureur ayant eu recours à son curé pour qu'il lui expliquât un événement aussi singulier, le curé de Gallardon, convaincu de la bonne foi de son paroissien, lui déclare qu'il ne peut être juge en cette matière, et l'envoie à l'évêque de Versailles. L'évêque, après avoir interrogé Martin, le chargea de demander à l'inconnu, de sa part, son nom, qui il était, et par qui il était envoyé. Le 30 janvier, l'inconnu apparaît de nouveau à Martin, et lui dit : « Mon nom restera ignoré ; je viens de la part de celui qui m'a envoyé, et celui qui m'a envoyé est au-dessus de moi (en montrant le ciel). » Durant le mois de février, il apparut encore plusieurs fois au laboureur et l'avertit « qu'il serait conduit devant le roi, qu'il lui découvrirait des choses secrètes de son exil, mais que la connaissance ne lui en serait donnée qu'au moment où il serait admis en sa présence ».

Informé de cette affaire, qui commençait à s'ébruiter, le ministre de la police chargea le comte de Breteuil, préfet d'Eure-et-Loir, d'examiner Martin. Conduit devant le préfet, le laboureur l'étonna par sa naïveté et sa modeste assurance autant que par le fond merveilleux de ses réponses. Le préfet l'envoya au ministre de la police sous la conduite d'un officier de gendarmerie. Martin répondit avec le même calme et la même naïveté aux interrogations du ministre, qui le sonda enfin pour savoir si l'intérêt n'était pas le principe de ses démarches ou la cause d'une supercherie. « Monseigneur, reprend Martin, ce n'est pas de l'argent que je veux ; il faut que j'aille parler au roi, et que je lui dise ce qui m'est annoncé; ça m'a toujours été recommandé, et je ne serai pas tranquille tant que ma commission ne sera pas faite. » Après cet interrogatoire, Martin, reconduit à l'hôtel où il logeait, fut examiné par un médecin très-renommé pour les maladies mentales. « Vous venez voir, dit le laboureur de la Beauce à M. Pinel, si j'ai perdu la tête ; mais il m'a été dit que ceux qui vous envoient sont plus fous que moi. »

Martin eut encore de nouvelles apparitions, dans l'une desquelles l'inconnu lui dit : « Je suis l'archange Raphaël, très-célèbre auprès de Dieu ; j'ai reçu le pouvoir de frapper la France de toute sorte de plaies... » Une autre fois, il dit à Martin : « Que la paix ne serait rendue à la France qu'après 1840. » Sur le rapport du docteur Pirel, le ministre de la police fit conduire Martin à Charenton comme atteint d'une *hallucination de sens* ou *aliénation intermittente*. Martin n'en fut nullement ému ; la docilité, le calme et la douceur qu'il continua de montrer convainquirent qu'il était loin d'être fou. Pendant son séjour à Charenton, l'ange lui apparut encore plusieurs fois, et il se fit voir un jour à lui dans tout l'éclat de la gloire céleste. Le grand aumônier, archevêque de Reims, à qui le roi avait remis le soin et la connaissance de l'affaire de Martin, ayant informé Louis XVIII de toutes ces circonstances, le roi, frappé d'une suite de faits si extraordinaires, donna ordre de lui amener le laboureur de la Beauce. Le 2 avril, Martin fut tiré de Charenton, et reconduit au ministre de la police : « Vous voulez donc parler au roi, lui dit M. Decazes; mais qu'avez-vous à dire à Sa Majesté? — Je ne sais pas pour le moment, répondit Martin, ce que j'ai à lui dire; les choses me seront annoncées quand je serai devant le roi. — Eh bien, puisque vous voulez y aller, on va vous y conduire. » Effectivement le ministre remit Martin à un officier de la maison du roi, qui, l'accompagnant jusqu'aux Tuileries, dans l'appartement du roi, le laissa seul avec Louis XVIII. Martin était avec le même habit et les mêmes guêtres de paysan qu'il avait à Chartres, quand il parut devant le préfet. Le roi le reçut, portant les divers ordres et marques distinctives de la dignité royale. Le récit de cette entrevue a été recueilli par le curé de Gallardon, à qui Martin l'a donné en ces termes : « Le roi était assis à côté de la table; j'ai salué le roi et je lui ai dit, mon chapeau à la main : « Sire, je vous » salue, le roi m'a dit : « Bonjour, Martin, » et j'ai dit en moi-même : « Il sait bien mon nom toujours… » Vous savez, sire, sûrement pourquoi je viens. — » Oui, je sais que vous avez quelque chose à me-» dire, et l'on m'a dit que c'était quelque chose que » vous ne pouviez dire qu'à moi-même. Asseyez-» vous. » J'ai pris un fauteuil, et je me suis assis vis-à-vis du roi ; et, quand j'ai été assis, je lui ai dit : « Comment vous portez-vous ? » Le roi m'a répondu : « Je me porte un peu mieux que ces » jours passés. Et vous, comment vous portez-» vous ? — Moi, je me porte bien. — Quel est le sujet » de votre voyage ? » Ici, Martin entra dans le récit des apparitions de l'ange, et, après ces premiers détails, il ajouta : « Il m'a été dit aussi : « On a » trahi le roi, et on le trahira encore ; il s'est sauvé » un homme des prisons ; on a fait accroire au roi » que c'était par subtilité, par finesse ou par l'effet » du hasard : mais la chose n'est pas telle ; elle a » été préméditée. Ceux qui auraient dû mettre à » sa poursuite ont négligé les moyens ; ils y ont » mis beaucoup de lenteur et de négligence, ils » l'ont fait poursuivre quand il n'était plus pos-» sible de l'atteindre. Je ne sais pas qui ; on ne

» me l'a pas dit... — Je le sais bien, moi, » dit le
» roi, « c'est La Valette. — Il m'a été dit que le
» roi examine tous ses employés et surtout ses
» ministres. — Ne vous a-t-on pas nommé les per-
» sonnes? — Non, il m'a été dit qu'il était facile
» au roi de les connaître; pour moi, je ne les
» connais pas. »

Ici, le roi leva les mains et les yeux au ciel, et dit : « Ah! faut-il!... » Martin vit des larmes couler sur ses joues. Après un assez long entretien, il rappela aussi à Louis XVIII des particularités de son exil que lui avait annoncées l'inconnu. « Gardez-en le secret, reprit le roi; il n'y aura que Dieu, vous et moi qui saurons jamais cela. » Martin rappelant au roi ses apparitions, le roi lui dit : « C'est le même ange qui conduisit le jeune Tobie à Raguel, et qui l'a fait marier. » Il prit la main de Martin, et ajouta; « Que je touche à la main que l'ange a serrée : priez toujours pour moi. — Bien sûr, sire!... J'ai salué le roi, ajouta Martin, en lui disant : « Je vous souhaite une bonne santé, et je vous demande la permission de m'en retourner au centre de ma famille; il m'a toujours été annoncé qu'il ne m'arriverait aucune peine ni aucun mal. — Il ne vous en arrivera pas non plus, reprit le roi; vous vous en retournerez demain; le ministre va vous donner à souper et à coucher, et des papiers pour vous en retourner. »

Martin se rendit chez le ministre de la police, qui le força d'accepter une gratification de la part du roi, et, de retour à Gallardon, il reprit sa vie champêtre, évitant de parler indiscrètement de ce qui lui était arrivé. On assure que le roi dit aux personnes de sa cour que Martin lui avait révélé des choses qui n'étaient connues que de lui, et que cet homme n'était ni fou, ni aliéné.

★
★ ★

Quant à messeigneurs les évêques, je rappellerai une peine qu'infligea à l'un d'eux notre brave Henri IV. Il s'agissait, si ma mémoire ne me trompe pas, de l'évêque... d'Alençon, grand seigneur que le roi traitait de cousin. Cet évêque, qu'il fût d'Alençon ou d'ailleurs, devait au roi pendant la guerre, selon les lois de ce temps-là, un certain secours d'hommes.

Le roi le réclama, l'évêque répondit qu'il n'avait à son service que des prières.

— Mon cousin, lui écrivit Henri, les prières sont bien plus efficaces lorsqu'elles sont accompagnées de jeûne : je vous le facilite en suspendant votre traitement et en faisant saisir vos revenus.

Voici l'opinion de Jésus-Christ sur MM. les évêques français qui font tant de brochures et de discours :

« Le serviteur de Dieu ne contestera pas et ne criera pas, et on n'entendra pas sa voix dans les places » (Mathieu, xvii, 10).

En vous mêlant aux choses temporelles dont Dieu s'est réservé la direction, souvent par des voies secrètes, que l'on attribue peut-être à tort au hasard, vous me rappelez Judas Iscariote qui « mettait la main au plat en même temps que son maître ».

⁎
⁎ ⁎

L'*Univers* et probablement le *Monde* ont reproduit une lettre encyclique de notre très-saint seigneur Pie IX, pape par la divine Providence, à tous les patriarches, primats, archevêques, évêques, — *aliosque locorum ordinarios gratiam et communionem cum apostolica sede habentes.*

Ce thème, qui est écrit et publié en latin, ne remplit pas moins de cinq grandes colonnes de l'*Univers*, c'est-à-dire représente une forte brochure.

Est-ce par paresse, est-ce par une coupable indifférence que les écrivains de l'*Univers* ont publié le texte de ce morceau sans y joindre la traduction? Est-ce par suite de cette prudence qui proscrivit si longtemps les livres saints en langue vulgaire? Toujours est-il que les nombreux lecteurs de ce journal sont, depuis quelques jours, en proie à une soif inassouvie qu'on ne peut comparer qu'à celle de Tantale sentant une eau fraîche toucher ses lèvres desséchées, et se retirer aussitôt qu'il voulait en humer la moindre goutte. Quoique nous ne soyons pas le pasteur des brebis que mènent paître les noirs bergers de l'*Univers*, nous avons eu pitié de leur soif, et nous avons pensé faire une œuvre utile et agréable en traduisant la lettre encyclique de Sa Sainteté.

« *Venerabiles fratres, salutem et apostolicam benedictionem* (Vénérables frères, salut et apostolique bénédiction).

» Quoiqu'il nous ait été réservé, dès le commencement de notre long pontificat, une bien grande part d'amertumes et de sujets de deuil, la montagne de nos calamités a pris, en ces dernières années, de telles proportions que nous en avons été presque écrasé, et il nous est arrivé plus d'une fois de lever les yeux au ciel et de nous écrier : « Plutôt mourir que de voir tant de misères. »

» J'ai voulu vous parler encore une fois au milieu de Jérusalem[1] et m'entourer de toutes les lumières de l'Église et de toutes les lampes placées sur les plus hauts chandeliers de la hiérarchie, pour m'entretenir avec vous de l'état de désolation où est tombée l'Église.

» L'Éternel m'a appelé *Magormissabile*[2] et m'a enivré d'absinthe[3].

1. Ézéchiel.
2. Jérémie, chap. xx, v. 3.
3. Jérémie, *Lamentations*, chap. iii, v. 15.

» Les bêtes sauvages et les dragons hurlent contre nous et se répondent[1].

» Nous sommes la risée des peuples et le sujet de leurs chansons[2].

» Et nous, nous marchons à tâtons le long des murailles[3].

» Nous crions comme des ours et nous gémissons comme des colombes[4].

» Et l'Éternel a appelé les guêpes contre nous[5].

» Il est vrai que l'empereur des Français sembla un moment nous protéger; mais ne croyez pas à cet ami[6], le bouclier de ses soldats est teint en

---

1. Ésaïe, chap. XIII, v. 22.
2. Jérémie, *Lamentations*, chap. III, v. 14.
3. Ésaïe, chap. LIX, v. 10.
4. Ésaïe, chap. LIX, v. 11.
5. Ésaïe, chap. VII, v. 18.
6. Michée, chap. I, v. 16.

rouge[1], et, d'ailleurs, qu'a-t-il fait pour nous? ce n'est pas ainsi que se conduisaient autrefois les rois de France, les rois très-chrétiens, les fils aînés de l'Église. On s'attendait à beaucoup, mais tout est revenu à peu[2].

» Il nous avait dit : « Quand ce mois d'octobre » sera passé, et ensuite quand ce sabbat de no- » vembre sera fini[3], ton soleil ne se couchera » plus[4].

» Tu suceras de nouveau la mamelle des rois et » le lait des nations[5]. »

» Ah! ce n'est pas par des paroles que venaient en aide à l'Église, et Philippe-Auguste, qui envoya son propre fils, depuis Louis VIII, ce vrai « lion »

1. Nahum, chap. II, v. 3.
2. Aggée, v. 19.
3. Amos, chap. VIII, v. 5.
4. Ésaïe, chap. LX, v. 20.
5. Ésaïe, chap. LX, v. 16.

contre les ennemis de l'Église, combattre les hérétiques excommuniés par Alexandre III, et contre lesquels Innocent III lança l'archidiacre Pierre de Castelnau, saint Dominique, le premier inquisiteur, l'abbé de Citeaux, Arnaud et Simon de Montfort; sur l'ordre de ces deux papes, qui tuèrent soixante mille hérétiques.

» Et le saint roi Louis IX! n'est-ce pas lui qui demanda à Alexandre IV qu'on établît l'inquisition dans ses États?

» Et Philippe III! c'est lui qui donna à la cour de Rome le comtat Venaissin; mais aussi, comme l'Église sait reconnaître les siens! malgré les fautes de son fils Philippe le Bel, qui dut brûler une bulle de Boniface VIII, on ne lui demanda que de se réconcilier avec Clément V, pour lui rendre toutes sortes de petits services, tels que d'approuver la brûlure des templiers et de supprimer leur ordre, dont ce bon roi prit les richesses.

» François Ier ! comme il vous lança sur les Albigeois et les Vaudois ce brave comte et président d'Oppède, qui enfermait les femmes hérétiques dans les granges et les brûlait.

» Et François II ! Comme on s'ennuyait au château d'Amboise, pour distraire ces dames, on réservait pour l'après-dîner un certain nombre de réformés, prisonniers, que l'on pendait sous leurs balcons.

» Et Charles IX ! quel zèle contre les huguenots !

» Et Louis XIV ! comme il répara les sottises de l'excommunié Henri IV, par la révocation de l'édit de Nantes et les dragonnades !

» Voilà les rois qui méritaient ce beau titre de rois très-chrétiens et de fils aînés de l'Église.

» Un moment, nous avons cru qu'un digne successeur de ces princes allait remonter sur le trône de ses pères et lancer la France sur l'usurpateur italien, mais cet espoir a été déçu.

» Ne comptons plus sur l'épée des puissants du siècle; ne comptons que sur l'Éternel, qui a dit : « Tu seras ma bouche [1], tu feras rentrer ma gloire dans la maison [2].

» Le nombre d'années donné aux déloyaux s'accomplira [3], alors il y en aura plusieurs nettoyés [4] avec beaucoup de savon [5]. Nos ennemis mettent

---

1. Jérémie, chap. xv, v. 19.
2. Ézéchiel, chap. xliii.
3. Daniel, chap. viii, v. 23.
4. Daniel, chap. xii, v. 10.
5. Jérémie, chap. xi, v. 22. Le texte de la Vulgate (*Jussu Clementis*, chap. viii, dit : avec beaucoup d'*herbe borich*. C'est

une écharde à leur nez [1]. Ils ôteront leurs manteaux et seront revêtus de frayeur [2]. Ils diront : « La paix, la paix ! et il n'y aura pas de rois qui ne nous auront obéi [3]. Ils n'auront pas de paix [4]. En ce jour-là, l'Éternel rasera les rois qui ne nous auront pas obéi. Ils auront amassé contre eux-mêmes une boue épaisse [5]. Quand ils auraient élevé leur nid comme un aigle et quand ils l'auraient mis entre les étoiles, nous le ferons descendre [6]. Les peuples les dépouilleront à cause des meurtres des hommes, de la violence faite au pays et à

sans doute la saponaire officinale, qui sert encore aujourd'hui à laver certaines étoffes et produit une mousse analogue à celle du savon.

1. Ézéchiel, chap. VIII, v. 3.
2. Ézéchiel, chap. XXVI, v. 16.
3. Jérémie, chap. VI, v. 14.
4. Ésaïe, chap. VII, v. 20.
5. Habacuc, chap. II, v. 6.
6. Abdias, chap. I, v. 4.

ses habitants¹. Ceux qui étaient nourris sur l'écarlate seront entourés d'ordures² et ceux qui seront devant eux siffleront³ en disant : « Dieu nous avait
» donné un roi dans son indignation⁴, tandis que
» pour nous l'Éternel aura pitié de Jacob et chérira
» encore Israël⁵, et il nous rétablira⁶. Il viendra à
» nous comme la pluie de l'arrière-saison⁷. Per-
» sonne ne nous ôtera plus notre proie⁸.

» Et mon âme s'égayera en Dieu⁹. Mais avant que nous sortions des lieux épais¹⁰, l'Église a encore à lutter ; c'est pourquoi déchirons nos vête-

1. Habacuc, chap. II, v. 8.
2. Jérémie, chap. IV, v. 5.
3. Sophonie, chap. II, v. 15.
4. Osée, chap. XIII, v. 2.
5. Ésaïe, chap. XIV, v. 1.
6. Daniel, chap. VI, v. 2.
7. Daniel, chap. VIII, v. 1
8. Daniel, chap. V, v. 14.
9. Ésaïe, chap. LXI, v. 10.
10. Jérémie, chap. IV, v. 29.

ments et jeûnons [1], crions et hurlons, et frappons notre cuisse [2], et demandons à Dieu notre salut : ô Seigneur, il nous faut un miracle !

Qu'est-ce que cela vous coûterait à vous, qui en avez tant fait d'inutiles pour le petit peuple juif pour lequel vous oubliiez le reste de la terre ? Jamais votre Église n'a eu autant besoin d'un miracle qui éclaire et fasse voir [3], saint Augustin l'a dit : « Pourquoi ne se fait-il plus de miracles en ce temps-ci comme autrefois [4] ? Parce que, » répond-il, « ils ne sont pas nécessaires en ce moment, pour que le monde croie [5]. » Mais nous ne sommes plus au temps de saint Augustin.

1. Samuel, chap. II, v. 11.
2. Ézéchiel, chap. XXI, v. 17.
3. Ésaïe, chap. LX, v. 51.
4. *Cur nunc illa quæ prædicastis facta esse miracula non fiunt.* (Saint Augustin.)
5. *Ut credat mundus.* (Saint Augustin.)

» Un écrivain religieux [1] signalait dernièrement trois sectes, trois hérésies, plus terribles qu'aucune qui ait jamais affligé l'Église ; les *qu'importéistes*, les *çam'estégaliens* et les *quèqueçamefaitistes*.

» Si vous voulez, ô mon Dieu! que l'Église romaine subsiste, accordez-nous un miracle ; mais songez, ô Éternel, qu'il ne faut pas un petit miracle comme celui de la Salette ; le monde est aujourd'hui fort éplucheur. Pensez, ô dieu des armées, qu'un dieu indien vient d'en accorder un à ses brahmines. Un soldat étant entré dans un temple sans vouloir ôter son sabre ni ses souliers, une main invisible lui a donné un tel soufflet, qu'il est tombé mort [2]. Que pensez-vous, ô Jéhova! de mains invisibles donnant au même instant une paire de gifles à tous

1. Alphonse Karr, *Guêpes*.
2. La *Gazette de Bombay-Madras*.

les philosophes, libres penseurs et incrédules de la terre ? où encore quelque chose qui ferait beaucoup d'effet, ce serait de me faire, comme Élie, enlever au ciel sur un char de feu, traîné par des chevaux de feu [1].

» Quand nos péchés seraient rouges comme le cramoisi et le vermillon, ils seront blancs comme la laine et comme la neige [2].

» Mais, Seigneur, il est temps.

» Donc, mes frères, je le répète, déchirons nos vêtements, jeûnons [3], crions et hurlons et frappons notre cuisse [4], et demandons un miracle à Dieu.

» Ne nous laissons donc émouvoir par aucun

1. *Regum* lib. II, v. 2. *Currus igneus et equi ignei rapuerunt. Currus Israel et auriga ejus*.
2. Ésaïe. chap. II, v. 18.
3. Samuel, chap. II, v. 11.
4. Ézéchiel, chap. XXI, v. 17.»

danger, persévérons dans la prière, *perseveremus in oratione*, jusqu'au jour où le Tout-Puissant se lèvera, commandera aux vents, et rétablira le calme.

» Donné à Rome au palais de Saint-Pierre, *apud Sanctum Petrum*, le 21 novembre de l'année du Seigneur 1873 et de notre pontificat le vingt-huitième (*vicesimo octavo*). »

★
★ ★

Je l'ai dit, — il y a longtemps déjà, — le premier Pape qui aurait renoncé au pouvoir temporel eût été le plus puissant peut-être et le plus riche de tous les successeurs de saint Pierre, et eût donné, au moins pour un temps, une nouvelle existence à la papauté.

Mais il serait bon de s'entendre sur le pouvoir temporel des papes.

Qu'est-ce donc que ce pouvoir temporel tant réclamé? Voyons en quoi il consistait, avant de songer à le rendre aux papes.

Dans les premiers siècles de l'ère chrétienne, les successeurs du pauvre pêcheur Pierre obéissaient à tous les empereurs et princes qui voulaient leur donner des ordres.

Grégoire VII est le premier qui prétendit exercer une puissance temporelle.

Hildebrand, fils d'un charpentier comme Jésus-Christ, était loin d'imiter l'humilité de son dieu.

Il excommunia l'empereur d'Allemagne Henri IV;

délia ses sujets du serment de fidélité et donna son empire à Rodolphe, duc de Bourgogne.

L'empereur Henri, abandonné de tous, dut venir demander pardon au pape. Il alla à Canossa, où était Grégoire, et resta nu-pieds depuis le matin jusqu'au soir, dans le faubourg, à la fin de janvier, à attendre que le pape lui permît d'entrer dans la ville. Il ne fut admis que le quatrième jour, où on leva l'excommunication; ce qui n'empêcha pas Grégoire d'envoyer une couronne à Rodolphe, en lui ordonnant de s'emparer de l'empire.

Henri reprit l'offensive, tua Rodolphe dans une bataille, déposa Grégoire, et nomma un pape de sa façon.

Grégoire appela à son secours le Normand Robert Guiscard, qui remplit Rome de meurtres et emmena son protégé à Salerne, où ils ne tardèrent pas à mourir tous les deux.

Boniface VIII excommunia Philippe le Bel, mit le royaume de France en interdit et le donna au duc Albert d'Autriche.

Innocent III excommunia Philippe-Auguste, et l'obligea à répudier sa femme.

C'est Innocent III qui inventa la confession auriculaire.

C'est lui qui prêcha une croisade contre les albigeois, qu'Alexandre III s'était contenté d'excommunier et qui en fit massacrer plus de soixante mille.

Alexandre III exigea que l'empereur Frédéric Barberousse vînt à Venise, se prosterner publiquement à genoux devant lui en l'église Saint-Marc, où Alexandre lui mit le pied sur le col.

Sixte-Quint excommunia Henri IV. Son successeur Grégoire XIV renouvela l'excommunication et envoya des secours aux Ligueurs.

Est-ce là — et il serait facile d'allonger la liste — le pouvoir temporel qu'il s'agit de rendre aux papes?

Ou faut-il les laisser réduits à suivre les conseils de saint Paul : « Celui qui s'est enrôlé au service de Dieu ne doit pas s'embarrasser des affaires séculières. »

Dans les éventualités de la royauté, résultat de la fusion, on s'occupe beaucoup du pape et d'une chance de guerre avec l'Italie à son sujet.

Je ne vois pas que les intérêts des papes soient si intimement liés à ceux des rois de France.

Sans parler de Grégoire VIII, d'Alexandre VI, etc.,

Jules II excommunia le bon Louis XII, le père du peuple, mit la France en interdit et en fit cadeau à Henri VIII d'Angleterre.

Mais ne rappelons que les relations du roi Henri IV — dont Henri V a la prétention d'être le successeur immédiat — avec les deux papes qui ont vécu de son temps.

Sixte V déclara Henri IV et toute la maison des Bourbons « hérétiques, relaps, ennemis de Dieu et de l'Église » ; et, comme tels, il les déclarait déchus de tous leurs droits, indignes de posséder aucun fief ; il déclara aussi les sujets de Henri IV dégagés du serment de fidélité, etc.

Henri fit afficher aux portes du Vatican que Sixte V, soi-disant pape, en avait menti, que c'était lui-même qu'on devait regarder comme hérétique, excommunié et antechrist, se réservant le droit de punir en lui ou *ses successeurs* l'affront qu'il venait de faire; il invitait tous les rois, princes et *républiques* de la chrétienté à se joindre à lui pour châtier la témérité de Sixte et des autres brouillons.

Plus tard, lorsque Henri IV se crut obligé de faire lever l'excommunication qui pesait sur lui, il faut voir avec quelle insolence le successeur de Sixte V, Clément VIII, abusa de la situation.

MM. d'Ossat, et Duperron, évêque d'Évreux, depuis cardinal, furent chargés de traiter à la cour de Rome l'affaire de l'absolution du roi.

Cette absolution fut « accordée » premièrement en consistoire public; le sieur Duperron, représentant « la personne du roi », se mit à genoux devant le souverain pontife; Clément VIII, dans cette posture, lui donna quelques coups de baguette adressés au roi, pendant que le chœur chantait le psaume *Miserere.*

Voici les principaux des articles imposés au roi et accordés par ses représentants :

« Le roi obéira aux mandements du saint-siége.

« Il montrera par faits et par dicts, et même en donnant les honneurs et dignités du royaume, que les catholiques lui sont très-chers, de façon que chacun comprenne qu'il désire qu'en France soit et fleurisse une seule religion, et celle la catholique romaine.

« Le roi dira tous les jours le chapelet de Notre-Dame, et, le mercredi, les litanies; et, le samedi, le rosaire de Notre-Dame, gardera les jeûnes et autres commandements de l'Église, oyra la messe tous les jours.

« Le roi bâtira, en chaque province du royaume, un monastère d'hommes ou de femmes.

« Il se confessera et communiera en public quatre fois pour le moins par chaque an, etc. »

Puisque nous parlons des papes, il est bon de rectifier ce que pensent ou font semblant de penser certaines personnes de la situation de Pie IX, et de « la défense » de l'Église.

Rappelons un Dieu né dans une étable, d'un père menuisier, et ayant à peine des langes pour le couvrir.

Puis ce même Dieu, parvenu à l'âge d'homme, vivant pauvre, n'ayant pas « une pierre pour reposer sa tête », portant toute sa vie la robe que sa mère lui avait tissée de ses mains, se nourrissant au hasard avec ses disciples, et n'obtenant que par miracle du pain et quelques poissons ; entrant dans les villes pieds nus ou sur une ânesse empruntée.

C'est à ce dénûment, à cette humilité, à ce mépris des richesses, à cet amour de la pauvreté et des pauvres que le christianisme a dû la grandeur de son origine et les progrès de sa doctrine.

Voyons la fête de Noël, commémorative de la naissance de ce Dieu, célébrée à Rome dans des églises de marbre, renfermant des tableaux, des pierreries et des richesses de tout genre, de quoi payer un empire; célébrée par un pape qui a remplacé la couronne d'épines de son Dieu et le bonnet de laine de son prédécesseur Simon Barjone, par une triple couronne, une tiare chargée de pierreries pour plusieurs millions; un pape porté sur des épaules d'hommes à travers la ville, entouré d'une cour de cardinaux vêtus de la pourpre, d'empereurs, de prélats couverts de riches dentelles, les mains ornées de bagues et de pierres précieuses.

Les évêques donnant leur main et le pape ses pieds à baiser au peuple.

Comment, après cela, oser prêcher l'Évangile dont tous leurs efforts tendent à s'éloigner; l'Évangile dont ils ont remplacé la morale simple et claire, morale conforme à celle de Socrate, de Platon, de Marc-Aurèle, d'Épictète, etc., par des dogmes obscurs, absurdes, insolents?

Comment oser se dire les prêtres d'une religion dont le Dieu a vécu pauvre, humble et résigné, eux qui ne pensent qu'à prolonger leur puissance et sauver leurs richesses; ne ressemblant à saint Pierre que parce qu'il a renié trois fois son maître, eux renient et ce Dieu et sa doctrine, et ses préceptes, et ses exemples, depuis bientôt dix-neuf siècles.

Il n'importe pas à la religion que ses ministres vivent dans l'opulence, dans le luxe et le faste, c'est le contraire qui devrait avoir lieu ; sans parler des conciles des premiers temps de l'Église, j'en trouverai facilement l'enseignement dans les écrits des plus célèbres saints du calendrier.

« L'épiscopat, dit saint Jérôme, doit rendre ceux qui l'exercent plus humbles et plus pauvres [1] ».

« Ils possèdent des richesses sous Jésus-Christ pauvre, dit le même saint Jérôme [2]; le Dieu qui inspire des richesses, c'est le diable ».

1. Sacerdotium et humiliores facit et pauperes. (S. Hieronimus, epist. ad Rusticum.
2. Idem., ad Nepotian.

Et saint Paulin, parle de la richesse glorieuse de la pauvreté chrétienne [1].

Saint Exupère, évêque de Toulouse, se servait pour porter les hosties et le vin de la messe d'une bouteille de verre et d'un panier d'osier [2].

« Il est honteux, dit encore saint Jérôme, de voir des gardes et des soldats à la porte d'un prêtre de Jésus-Christ ».

« L'Église, dit le concile de Carthage, n'a rien qui n'appartienne aux pauvres, c'est un dépôt qu'elle ne doit pas dépenser en profusion [3] ».

Saint Grégoire de Nazianze, parlant de certains pontifes de son temps, s'écrie :

---

1. Christianæ paupertatis divitem gloriam.
2. S. Hieron. : Corpus Domini canistro vimineo, sanguinem in vitro.
3. Est episcopus rebus Ecclesiæ, tanquam commendatis, non tanquam propriis usibus.

« J'ignorais que nous dussions surpasser la magnificence et le faste des grands de l'empire, et dépenser le bien des pauvres à cette œuvre de mollesse et de vanité [1] ».

« Le prêtre, dit saint Jérôme, n'a affaire chez les grands que lorsqu'il y a à les consoler, et jamais pour partager leurs festins et leurs plaisirs [2] ».

★
★ ★

On a écrit de Rome que, « le 9 avril courant, Sa Sainteté Pie IX a reçu en audience publique

---

1. Nesciebam cum consulibus et præfectis, clarissimisque ducibus æmulationem et certamen esse... ad luxum et delicias pauperum bonis abutentibus.
2. Consolatores potius in mœroribus, quam convivas in prosperis...

lady Herbert. » Cette dame, dit la note reproduite par plusieurs journaux, après en avoir demandé la permission au souverain pontife, a « chaussé ses lunettes vertes » et lui a lu un discours; après quoi, « elle a offert au saint-père une somme de quatre-vingt-dix mille francs, produit d'une quête faite en Angleterre parmi les jeunes filles pauvres. »

Le pape, disent les journaux qui ont publié ce fait, l'a remerciée cordialement « et lui a, à son tour, adressé un discours ».

Aucun journal ne reproduit ce discours, qu'un hasard heureux et la complaisance d'un ami ont mis sous mes yeux.

Il m'est difficile de comprendre pourquoi les journaux se disant exclusivement catholiques, qui donnent parfois une publicité fâcheuse à d'autres discours de Sa Sainteté, ont gardé le silence à l'égard de celui-ci. En effet, les fidèles ont souvent vu avec chagrin, dans les allocutions dont le chef de l'Église n'est pas avare, un peu d'exagération quant à sa prétendue captivité, et un attachement aussi puéril que peu chrétien au pouvoir temporel dont plusieurs de ses prédécesseurs au siége de saint Pierre ont si malheureusement abusé.

Tandis que le discours que les mêmes journaux ont omis de reproduire respire d'un bout à l'autre, et le sentiment évangélique le plus pur, et le mépris des richesses dont le Christ et ses apôtres et les premiers évêques ont donné de si salutaires exemples, et cette charité, cet amour des pauvres que l'Homme-Dieu a si éloquemment prêchés à ses disciples.

J'ai attendu une semaine, croyant chaque jour, mais en vain, voir ce discours imprimé, et aujourd'hui, je prends le parti de le publier moi-même.

« Ma chère fille, lady Herbert, a dit le saint-père, je vous remercie cordialement et je vous charge de remercier pour moi les jeunes filles pauvres d'Angleterre du présent que vous m'offrez de leur part.

» A ce sujet, je vous adresserai quelques questions auxquelles je vous prie de répondre avec une entière franchise et une complète liberté.

» Vous comprenez, ma chère fille, que mes regards se portent sans cesse sur la grande famille qui m'a été confiée, sur le monde chrétien ; et que, autant qu'il est en moi, je me tiens au courant de ses intérêts, de ses besoins, de ses douleurs et de ses joies.

» On m'a dit et j'ai lu d'étranges choses à propos du pays que vous habitez. Ces renseignements sont peu conformes aux apparences et je profite de l'occasion qui se présente pour savoir de vous s'ils sont ou tout à fait inexacts ou exagérés.

» L'Angleterre passe dans le monde pour la plus riche des nations modernes; c'est chez elle, ai-je lu, que le temps et le travail ont accumulé le plus de capitaux, créé le plus d'instruments de production et conséquemment de richesse et de puissance. L'Angleterre couvre les mers de ses flottes, son pavillon recule son empire jusqu'aux limites du monde, toutes les parties du globe sont tributaires de sa marine et de ses manufactures; elle a conquis dans l'Inde seulement cent vingt millions de sujets qui à la fois travaillent pour elle, et lui achètent, de gré ou de force, les produits de ce qu'on est convenu d'appeler « la mère patrie », même quand on pourrait l'accuser de se montrer quelquefois un peu marâtre; elle exerce parfois avec une énergie extraordinaire une sorte d'épicerie à main armée, comme elle l'a fait à l'égard des Chinois, « clients malgré eux », qu'elle oblige à lui acheter l'opium qui les rend idiots et qui les tue; l'Angleterre semble avoir atteint le plus haut degré de richesse auquel une nation puisse parvenir.

» Suis-je bien renseigné? »

Ici, l'honorable lady Herbert témoigna par un

signe d'assentiment que cette opinion, si flatteuse pour sa nation, était fondée sur les faits et sur la vérité !

Le saint-père continua :

« Mais est-il vrai également que ce brillant tableau a un triste envers ? Est-il vrai que la plus riche des nations est en même temps celle qui compte le plus de pauvres, et celle chez laquelle la misère présente l'aspect le plus déplorable ? »

Lady Herbert ne répondit pas.

« Je vais, continua Sa Sainteté, vous répéter ce que j'ai lu et ce qui m'a été dit à ce sujet :

» On m'assure que cette nation si riche a la plus

grande partie de sa population réduite à la misère, et qu'on ne connaît pas la misère quand on ne l'a pas vue en Angleterre. J'ai lu dans une revue britannique, *Quarterly review*, que la généralité de la population chez vous est condamnée à une pauvreté sans remède, et ne soutient sa misérable existence que par le secours d'une charité que détermine la crainte de son désespoir.

» J'ai lu, dans *Westminster review*, que le paysan lui-même, moins malheureux cependant que l'ouvrier des manufactures, descend par degrés vers une situation que bientôt il ne pourra plus supporter.

» J'ai lu que, à une date assez récente que j'ai oubliée, on comptait en Angleterre un misérable sur treize individus. J'ai lu dans un rapport d'un médecin anglais, que les habitations des ouvriers pauvres à Londres même sont inférieures aux plus sales étables.

» J'ai lu aussi que la misère amène, non-seulement les hommes, mais aussi les femmes de cette classe, à une hideuse ivrognerie, et que cette même misère jette un nombre effroyable de femmes, de filles et même d'enfants, dans la prostitution. Un magistrat anglais évaluait le nombre des prostituées, à Londres, à cinquante mille ; un autre, à quatre-vingt mille ; et M. Talbot, secrétaire d'une société de moralisation, dit « qu'il n'y a pas de pays, pas de cités où la prostitution soit pratiquée si ouvertement, si systématiquement et avec une telle étendue qu'en Angleterre et à Londres » ; et il ajoute que « chaque année la maladie et le suicide enlèvent à Londres huit mille prostituées. »

» Dites-moi, ma chère fille, continua le saint-père, si on m'a trompé ou si ces faits déplorables sont conformes à la vérité. »

Lady Herbert baissa la tête, rougit et reconnut que ces faits étaient vrais.

« Alors, dit le saint-père, d'une voix énergique, vous allez remporter cet argent; ne servît-il qu'à sauver chez vous quelques centaines de femmes de la misère, de la faim, de l'ivrognerie, de la prostitution, il sera employé plus utilement, plus chrétiennement qu'à être donné à un serviteur de Dieu qui est très-riche et qui, d'ailleurs, ne le fût-il pas, a devant les yeux l'exemple du Christ, qui a vécu pauvre toute sa vie, n'a jamais possédé qu'une seule robe, n'avait pas une pierre pour reposer sa tête, et a dit à ses disciples, ainsi que le rapporte

l'apôtre saint Luc : « Ne vous mettez point en peine
» de ce que vous mangerez ou boirez, ni comment
» vous serez vêtus. Vendez ce que vous avez et
» donnez-le en aumônes. »

» Donc, ma chère fille, lady Herbert, vous allez reporter cet argent chez vous et le distribuer avec discernement à vos pauvres compatriotes, pour en retirer du moins un certain nombre, et de la misère et des vices qu'elle engendre fatalement.

» Sur quoi, au nom de Dieu, je vous donne ma bénédiction apostolique pour vous et pour celles qui vous ont envoyée. »

Lady Herbert s'agenouilla devant le pape, baisa sa mule et remporta les quatre-vingt-dix mille francs en Angleterre, où ils vont avoir l'emploi que le saint-père a prescrit.

Il me semble qu'un tel acte et un tel discours méritaient la publicité, au moins autant que les cancans politiques rapportés ou inventés quotidiennement par les journaux.

P. S. — Je reçois à l'instant une lettre de Rome. — On m'avait trompé, il paraît que Sa Sainteté Pie IX n'a pas fait de discours et a pris les quatre-vingt-dix mille francs apportés par lady Herbert.

FIN

PARIS. — IMPRIMERIE DE E. MARTINET, RUE MIGNON, 2

www.ingramcontent.com/pod-product-compliance
Lightning Source LLC
Chambersburg PA
CBHW071138160426
43196CB00011B/1931